베스트 논술 한국대표문학 43

한국 고전 시가와 수필

유리왕 외

SR&B(새로본닷컴)

양기훈의 〈홍매〉

〈베스트 논술 한국대표문학(전60권)〉을 펴내며

어린 시절의 독서는 평생의 이성과 열정을 보장해 줄 에너지의 탱크를 채우는 일입니다. 인생의 지표를 세울 수 있는 가장 믿을 만한 방법이기도 합니다.

새로 접하는 사물의 이치를 터득하려면 그 정보를 대뇌 속에 담는 프로그램이 마련되어 있어야 합니다. 그 프로그램을 구축하는 가장 효과적인 방법이 지속적인 독서입니다. 독서는 책과 나의 쌍방향적인 대화이며 만남이며 스킨십입니다.

그러나 단순한 독서만으로는 생각하는 힘과 정확히 표현하는 힘을 키울 수 없습니다. 〈베스트 논술 한국대표문학〉은 이에 유의하여 다음과 같이 편찬하였습니다.

① 초·중·고 교과서에 실린 고전 및 현대 문학 작품부터 〈삼국유사〉, 〈난중일기〉, 〈목민심서〉 등 우리의 정신을 일깨워 주고 우리에게 지혜와 용기를 준 '위대한 한국 고전' 에 이르기까지 한 권 한 권을 가려 뽑았습니다.

② 각 권의 내용과 특성을 분석하여, '작가와 작품 스터디', '논술 가이드' 등을 덧붙여 생각하는 힘, 표현하는 힘을 키울 수 있도록 각 분야의 권위 학자, 논술 전문가들이 심혈을 기울였습니다.

③ 특히 현대 문학 부문은 최근 학계에서, 이 때까지의 오류를 바로잡아 정확한 텍스트를 확정한 것을 반영하였고, 고전 부문은 쉽고 아름다운 현대 국어로 재현하였습니다.

④ 각 작품에 관련된 작가의 고향을 비롯한 작품의 배경, 작품의 참고 자료 등을 일일이 답사 촬영하거나 수집·정리하여 화보로 꾸몄고, 각 작품의 갈피 갈피마다 아름다운 그림을 넣어, 작품에 좀더 친근감 있게 접근할 수 있도록 하였습니다.

이 〈베스트 논술 한국대표문학〉이 여러분이 '큰 사람', '슬기로운 사람' 이 되는 데 충실한 밑거름이 되기를 바랍니다.

〈베스트 논술 한국대표문학〉 편찬위원회

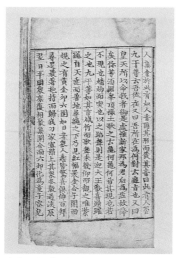

〈삼국유사〉에 실려 있는
〈구지가〉

〈황조가〉 유리왕이 사냥을 간 사이 치희가 중국으로 가
버려 외로움과 이별의 슬픔을 노래한 고구려 가요이다.

가락국 건국 신화에 나오는 삽입 가요인 〈구지가〉에 등장하는 김수로왕릉

향가 〈서동요〉

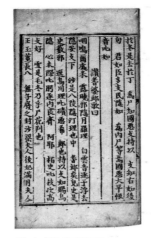

향가 〈찬기파랑가〉

향가 〈도솔가〉

향가의 내용 중에는 화랑을
예찬하는 노래가 많으며, 내세
적인 기원을 노래하고 있다.

〈용비어천가〉

〈월인천강지곡〉

권근의 글씨

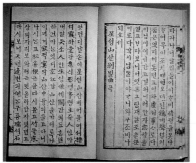

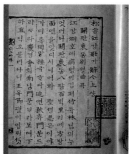

〈송강 가사〉에
실려 있는
〈관동별곡〉

〈송강 가사〉에 실려 있는 〈성산별곡〉

송강 정철의 묘비

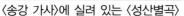

송강 정철이 연군의
정을 노래한
〈속미인곡〉

〈관동별곡〉의 주요 무대였던 강릉 경포대

전남 담양의 송강정

조선 시대의 학자이며 문신인 송시열

정철의 글씨

허난설헌 시비

차례

고대 가요

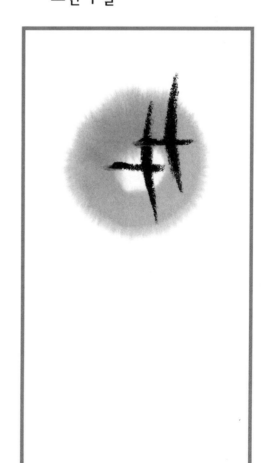

차례

공무도하가

백수 광부의 아내

님이여, 물을 건너지 마오
님은 그예 물을 건너셨네
물에 쓸려 돌아가시니
가신 님을 어이할꼬.

도움말 어느 백수 광부(白首狂夫)의 아내가 지었다고 한다. 연대는 2세기 후반으로, 기원전 108년부터 서기 200년 무렵까지의 기간에 해당한다고 추측할 수 있다. 4언 4구의 우리 나라 최고(最古)의 시가이며 최초의 서정시라 일컬어진다.

구지가

거북아, 거북아
머리를 내어라
내놓지 않으면
구워 먹으리.

도움말 가락국의 건국 신화이다. 가락국의 통치자인 아홉 추장이 군중 2,3백 명과
더불어 구지봉에 모여서 김수로왕을 최고의 통치자로 맞이할 때에 불렀다는 노래
로서 하나의 주문(呪文)이다. 〈삼국유사〉 가락국기에 실려 전한다.

황조가

유리왕

훨훨 나는 꾀꼬리는
암수 서로 놀건마는
외로울사 이 내 몸은
뉘와 함께 돌아갈꼬.

도움말 고구려 유리왕 3년(기원전 17)에 유리왕 자신이 지었다는 노래이다. 〈삼국사기〉에 4언 4구의 한역으로 전해지고 있는 왕의 비련의 노래로서 서정 가요의 기원이며 고대인의 순박한 서정성을 흠뻑 느끼게 하는 뛰어난 작품이다.

지은이 유리왕(瑠璃王, ? ~ 서기 18, 재위 기원전 19 ~ 서기 17)
고구려 제2대 임금. 동명왕의 아들. 부여에서 아버지를 찾아 고구려로 가서, 고구려의 왕위를 이었다.

해가사

거북아 거북아 수로를 내놓아라
부인을 빼앗은 죄가 얼마나 큰지 아느냐
만약 말을 거슬러 내어 바치지 않으면
그물로 잡아 구워 먹으리.

도움말 7세기 초엽 민중들에 의해 불려진 집단 가요이다. '구지가'보다 700년 늦게 불려졌지만 비슷한 부분이 많다. 그 배경 설화를 살펴보면 다음과 같다.

강릉 태수 순정공의 아내 수로 부인은 빼어난 미인이었다. 태수가 아내와 함께 동해안을 지나가는데, 바다의 용이 나타나서 수로 부인을 납치해 갔다. 아내를 잃은 순정공은 아연실색하며 안타까워하였다. 이 때 지나가던 노인이 사람들을 불러 모아 노래를 부르면 아내를 찾을 수 있을 것이라고 하여 부른 노래가 이것이다.

정읍사

달하, 노피곰 도드샤
어긔야 머리곰 비취오시라
어긔야 어강됴리
아으 다롱디리
져재 녀러신고요
어긔야 즌 데를 드데욜셰라
어긔야 어강됴리
어느이다 노코시라
어긔야 내 가논 데 졈그랄셰라
어긔야 어강됴리
아으 다롱디리.

〈풀이〉
달님이시여, 높이높이 돋으시어
멀리멀리 비추어 주소서
(님께서는) 시장에 가 계시는지요
(밤길에) 위험한 곳을 디딜까 걱정스럽습니다
어느 곳에나 놓으십시오
나의 님 가시는 곳에 길이 저물까 두렵습니다.

도움말 현전하는 백제 유일의 서정 가요로 고려와 조선 시대에 삼국 가요의 하나로서 궁중악으로 불리어졌다. 〈악학궤범〉에 가사가 전하고 〈고려사〉의 '악지(樂志)'에는 배경 설화가 전한다. 행상인의 아내가 남편이 무사하기를 기원하는 노래로 평민적 삶에서 빚어진 서정 세계가 잘 나타나 있다.

의상대 일출

향가

원왕생가

광덕의 아내

달님이시여, 이제
서방까지 넘어가시려는고
무량수불전에
일러서 사뢰옵소서
다짐 깊으신 아미타불을 우러러
두 손을 모아
왕생을 원하며 왕생을 원하며
그리워하는 사람이 있다고 사뢰소서
아아, 이 몸을 남겨 놓고
사십팔 대원을 이루실까.

도움말 배경이 된 설화의 내용은 전반은 광덕과 엄장 사이에 벌어진 신의적인 일이고, 후반은 광덕이 처의 설득에 감화되어 잘못을 뉘우치고 도를 닦은 보람이 있어 서방 정토로 가게 되었다는 것이다. 불교 신앙의 노래로 〈삼국유사〉에 전한다.

혜성가

융천사

예전, 동해 물가에 신기루가
어리던 성을 바라보고
'왜군이 왔다.' 고
봉화를 올린 해변이라
세 화랑이 산 구경 오신다는 소식을 듣고
달도 이미 휘영청 밝혀 주고 있는데
길을 비추고 있는 별을 보고
'혜성이여.' 하고 말한 사람이 있어라
아아, 달 아래로 떠나갔더라
아아, 무슨 혜성이 있으랴.

도움말　신라 진평왕(재위 579 ~ 632) 때 스님 융천사(融天師, ? ~ ?)가 지은 향가
로, 주가(呪歌)에 속하는 10구체로 된 노래이다. 고가(古歌)로서는 특이하게 비유와
상징 그리고 해학적인 직유법 등으로 예술적 기교를 보인 이채로운 작품이다.

서동요

서동

선화 공주님은
남몰래 정을 통해 두고
맛동 도련님을
밤에 몰래 안고 간다.

도움말 신라 진평왕 때의 서동(백제의 무왕의 아명)의 작품으로, 가사는 이두로써 〈삼국유사〉에 전한다. 속설에는 서동이 진평왕의 셋째딸 선화 공주가 아름답다는 소문을 듣고 사모하다 못해 신라의 서울(경주)로 가서 아이들에게 마를 나누어 주며 이 노래를 가르쳐 전국에 퍼지게 하여 결국 소원을 성취했다고 한다.

지은이 서동(薯童) — 무왕 (武王, ? ~ 641, 재위 600 ~ 641)
백제의 30대 임금. 중 관륵(觀勒)을 일본에 보내어 천문, 지리, 역본 등의 서적과 불교를 전하였다.

풍요

오다 오다 오다
오다 서럽더라
서럽다 이내 중생이여
공덕을 닦으러 오다.

도움말 신라 선덕여왕(재위 632 ~ 647) 때에 만들어진 4구체로 된 향가로 지은이
는 알 수 없다. 그 때의 스님 양지(良志)와 관련된 노래로서 그가 영묘사에 장륙존상
을 조각할 때에 장안의 남녀들이 진흙을 운반하면서 부른 일종의 노동요이다.

모죽지랑가

득오

간 봄 그리매
모든 것이 설어 시름하는데
아름다움 나타내신
얼굴이 주름살을 지니려 하옵니다
눈 돌이킬 사이에나마
만나뵙도록 지으리이다
낭이여 그릴 마음의 녀올 길이
다복쑥 우거진 마을에 잘 밤이 있으리까.

도움말 득오(得烏)가 지은 향가로, 신라 제32대 효소왕(재위 692 ~ 702) 때 죽지랑
(竹旨郎)의 낭도(郎徒)였던 득오가 죽지랑의 죽음을 애도하여 지은 노래이다. 고매
한 인품을 지녔던 죽지랑을 찬양하면서 그를 그리는 마음이 행여 무심치 않다면,
저 세상 어느 곳에서라도 다시 만날 수 있으리라는 확신적 소망을 노래한 아름다운
서정시이다. 죽지랑에 대한 사모의 정과 인생 무상의 정서가 주를 이루고 있으며,
향가가 지닌 종교적 주술성이 없는 8구체의 순수한 서정 가요라는 데 이 노래의 특
이성이 있다.

헌화가

자줏빛 바위 끝에
잡으온 암소 놓게 하시고
나를 아니 부끄러워하시면
꽃을 꺾어 받자오리이다.

도움말 신라가 삼국을 통일한 뒤의 태평 성대인 제33대 성덕왕(재위 702 ~ 737) 때의 작품이며, 〈삼국유사〉에 실려 있다. 지은이는 노옹(老翁)이라 했을 뿐 알 수 없다. 4구체로서 25수 향가 중에서 가장 소박한 민요 형식에 속하는 작품이다.

원가

신충

무릇 잣나무가
가을에 시들지 않음과 같이
'너를 어찌 잊겠느냐?' 고 이르신
우러르던 얼굴이 계시온데
달 그림자가 옛 못에서
가는 물결을 애달파하듯이
님의 모습이야 바라보나
세상도 한스럽구나.

도움말 신라 제34대 효성왕 원년(737)에 신충(信忠)이 지은 향가로, 〈삼국유사〉에 전한다. 내용은 맹약을 저버린 효성왕에 대한 섭섭한 마음에서 원망을 노래한 것이다. 형식은 8구체로 되어 있지만 〈삼국유사〉 편찬 당시에 2구가 이미 빠졌기 때문에 10구체 향가로 보고 있다.

지은이 신충(信忠, ? ~ ?)
은퇴 후 스님이 되어 단속사를 짓고 효성왕의 명복을 빌었다.

도천수대비가

희명

무릎을 꿇고
두 손을 모아
천수관음 앞에
빌어 사뢰옵니다
천 손에 천 눈을
하나를 내놓아 하나를 덜어
둘 다 없는 나니
하나만 그윽히 고쳐 주옵소서
아아, 나에게 끼쳐 주신다면
놓되 베푼 자비는 얼마나 큰 것인가.

도움말 신라 제35대 경덕왕(재위 742 ~ 765) 때에 경주의 한기 마을에 살던 희명
이라는 여자가 지어 눈이 먼 자기 아이에게 부르게 한 노래라고 한다. 희명의 아이
가 난 지 5년 만에 갑자기 눈이 멀었다. 어느 날 그 어머니가 아이를 안고 분황사
좌전 북쪽 벽에 그린 천수대비 앞에 나아가서 아이를 시켜 노래를 지어 빌었더니
마침내 눈을 뜨게 되었다. 이 노래의 형식은 10구체로 되어 있으며 〈삼국유사〉에
전한다.

안민가

충담사

임금은 아버지요
신하는 사랑하실 어머니요
백성은 어린아이라고 한다면
백성이 사랑을 알 것입니다
꾸물거리며 구차하게 살아가는 백성들이
이들을 먹여 다스리어
이 땅을 버리고서 어디로 갈 것인가 한다면
나라 안이 다스려짐을 알 것입니다
아아, 임금답게 신하답게 백성답게 한다면
나라 안이 태평할 것입니다.

도움말 신라 제35대 경덕왕 24년(765)에 스님 충담사가 지은 향가로, 충담사는 월명사와 함께 뛰어난 향가 작가이다. 내용은 임금, 신하, 백성이 각기 자기 구실을 다하면 나라와 백성이 태평하리라는, 소박하면서도 그 뜻을 잘 드러낸 작품이다. 왕이 충담사에게 안민(安民)의 대도(大道)를 물었을 때 정치 이념을 밝힌 유교적 내용의 노래이며 공자의 정치 사상을 그대로 읊은 것과 같은 느낌을 준다. 형식은 10구체의 가장 정제된 형식으로 되어 있다.

지은이 충담사(忠談師, ? ~ ?)
신라 경덕왕 때의 스님. 향가 '찬기파랑가'를 지었으며 경덕왕의 명을 받아 향가 '안민가'를 지었다.

찬기파랑가

충담사

(구름 장막을) 열치매
나타난 달이
흰구름 따라 (서쪽으로) 가는 것 아니냐?
새파란 냇가에
기랑의 모습이 있구나
이로부터 냇가의 조약돌에
낭이 지니시던
마음의 끝을 따르련다
아아, 잣가지 높아
서리 모를 화랑이여.

도움말 신라 경덕왕(재위 742 ~ 765) 때의 스님 충담사(忠談師)가 지은 10구체의
향가로 〈삼국유사〉에 전한다. 화랑 기파랑의 모습과 기개를 천상의 풍경과 지상의
풍경, 즉 우주의 공간을 배경으로 융합되어 있는 자연물로 대비하여 그린 찬가적
서정 가요이다. 신라인들이 생각한 이상적인 남성상인, 문무가 조화를 이룬 전일적
(全一的) 영웅 기파랑을 찬미한 노래로서 그 동적이고 극적인 표현으로 향가 중 문
학적 향기가 가장 높은 작품으로 꼽힌다.

도솔가

월명사

오늘 이에 산화를 부르니
뿌리온 꽃아 너는
곧은 마음의 명을 부리옵기에
미륵 좌주 뫼셔라.

도움말 신라 제35대 경덕왕 19년(760) 4월에 스님 월명사가 지은 향가로, 형식은 4구체로 된 불교 가사라고 할 수 있으나 주가(呪歌)라고 하는 설도 있다.

지은이 월명사(月明師, ? ~ ?)

신라 경덕왕 때의 스님. 경주 사천왕사에 있었는데 피리를 잘 불었다. 일찍이 달 밝은 밤에 피리를 불며 큰길을 지나니 달이 가기를 멈추었다는 이야기가 전한다. 이로 인해 그 길을 월명리(月明里)라 하였고, 그의 이름도 월명(月明)이라 하였다. 향가를 잘 지어 '도솔가' 외에도 '제망매가' 등을 지었다.

제망매가

월명사

삶과 죽음의 길은
이(이승)에 있음에 머뭇거리고
'나(죽은 누이를 이름)는 간다.' 고 말도
못다 이르고 갔는가(죽었는가)?
어느 가을 이른 바람에
여기저기 떨어지는 나뭇잎처럼
같은 나뭇가지(한 어버이)에 나고서도
(네가) 가는 곳을 모르겠구나
아아, 극락에서 (너를) 만나볼 나는
불도를 닦으며 기다리겠다.

도움말 신라 경덕왕(재위 742 ~ 765) 때의 스님 월명사가 지은 향가로, 죽은 누이 동생을 추모하는 애절한 심정을 진솔하게 표현한 향가이다. 가장 서정성이 높은 뛰어난 작품이다. 형식은 10구체로 되어 있다.

우적가

영재

제 마음의
참모습을 모르던 날을
멀리 지나 보내고
이제는 숨어서 가고자 한다
오직 그릇된 도둑 떼를 만나
두려움에 다시 또 돌아가겠는가?
이 흉기를 받고 나면
좋은 날이 새리라 기뻐하였더니
아아, 오직 요만한 선업은
새 집이 안 됩니다.

도움말 신라 원성왕(재위 785 ~ 798) 때에 스님인 영재(永才)가 도둑 떼를 만나 지은 것으로 형식은 10구체이며, 〈삼국유사〉에 전한다. 영재에 대하여는 가인으로서 명성이 높았으며 해학을 매우 즐겼다는 기록밖에는 전함이 없으나, 이 노래를 지어 도둑 떼를 충고함으로써 그들을 감복시켰다고 한다.

처용가

처용

서울 밝은 달밤에
밤늦도록 놀고 지내다가
들어와 자리를 보니
다리가 넷이로구나
둘은 내 것이지만(내 아내이지만)
둘은 누구의 것인고?
본디 내 것이다마는(내 아내이지만)
빼앗긴 것을 어찌하리.

도움말 신라 헌강왕(재위 875 ~ 886) 때 처용(處容)이 지었다는 8구체의 향가로
〈삼국유사〉에 전한다. 아내와 역신의 간통을 목격한 처용은 그 고뇌를 노래와 춤으
로 정화한다. 이에 감복한 역신이 현신하여 앞으로는 처용의 화상만 봐도 피하겠다
고 빈다. 이에 연유하여 처용은 역귀를 물리치는 신으로 승격, 토착 종교화되었다.

계곡의 설경

고려 가요

도이장가

예종

님을 온전케 하시온

그 정성은 하늘 끝까지 미쳤고

그대의 넋은 가셨으되

일찍이 지니셨던 벼슬을

여전히 하고 싶으심이여

바라다보면 알 것이다

그 때의 두 공신이여

이미 오래 되었으나

곧은 자취는 지금까지 나타나는구나.

도움말 고려 16대 예종 임금이 지은 추도의 노래이다. 예종 15년(1120) 서경에서 베푼 팔관회에 참석하여 고려의 개국 공신 김낙, 신숭겸 등 두 장수를 추모한 것이다. 형식은 '모죽지랑가'와 비슷한 8구체의 노래로, 향가 형식의 노래가 고려 중엽까지 남아 있었음을 입증해 주는 작품이다.

지은이 예종(睿宗, 1079 ~ 1122, 재위 1105 ~ 1122)

고려 제16대 임금. 예종 15년 서경 팔관회가 열렸을 때, 개국 공신 김낙, 신숭겸의 공을 추도하여 '도이장가(悼二將歌)'를 지었다.

정과정

정서

내 님믈 그리자와 우니다니
산 졉동새 난 이슷하요이다
아니시며 거츠르신 달 아으
잔월효성이 아라시리이다

넉시라도 님은 한데 녀겨라 아으
벼기더시니 뉘러시니잇가
과도 허믈도 천만 업소이다
말 힛 마리신뎌
살읏븐뎌 아으
니미 나랄 하마 니자시니잇가

아소 님하 도람 드르샤 괴오쇼셔.

〈풀이〉
내가 님을 그리워하여 울고 지내니
두견새와 나는 비슷합니다
(제가 역모에 가담했단 말이) 옳지 않으며 거짓인 줄을
지는 달과 새벽별이 알고 있을 겁니다

넋이라도 님과 한데 모시고 싶어라
나를 헐뜯은 이가 누구입니까?
나는 잘못도 허물도 전혀 없습니다
뭇 사람들의 참소하는 말입니다
슬프도다
님께서 나를 벌써 잊으셨습니까?

님이시여, 그러지 마시고 돌이켜 들으시어
(다시) 사랑해 주소서.

도움말 고려 의종 때 정서가 지은 10구체 단연의 향가계 가요로, 〈악학궤범〉에 전한다. 지은이가 동래의 배소에서 임금의 부름을 기다리다 지쳐 지어 읊었다는 연주사로, 고려 · 조선 양조의 궁정에서 즐겨 불렀다. 자기 변명, 원망, 호소가 담긴 한국적인 임금에 대한 사상의 결정이라고 할 수 있다.

지은이 정서(鄭敍, ? ~ ?)
고려 시대의 문인. 호는 과정(瓜亭). 벼슬이 내시낭중에 이르렀다. 인종의 매제로서 왕의 총애를 받았으나, 의종 5년(1151)에 역모에 가담했다는 참소를 받아 동래로 귀양 갔다. 당시 의종으로부터 곧 소명(召命)을 내리겠다는 약속을 받았으나, 20년을 기다리는 동안 소식이 없었다. 정중부의 난으로 의종이 쫓겨난 뒤 명종 1년(1170)에 다시 관직에 기용되었다.

가시리

가시리 가시리잇고 나난
바리고 가시리잇고 나난
　　위 증즐가 대평셩대

날러는 엇디 살라 하고
바리고 가시리잇고 나난
　　위 증즐가 대평셩대

잡사와 두어리 마나난
션하면 아니 올셰라
　　위 증즐가 대평셩대

셜온님 보내압노니 나난
가시난 닷 도셔 오쇼셔 나난.
　　위 증즐가 대평셩대

〈풀이〉
가시렵니까, 가시렵니까
나를 버리고 가시렵니까?

나더러는 어떻게 살라고
버리고 가시렵니까?

붙잡아 두고 싶지만
행여 서운하면 오지 않을까 두려워

서러운 님 보내오니
가시자마자 곧 다시 오소서.

도움말 지은이와 연대를 알 수 없는 고려 가요로, 〈악장가사〉와 〈시용향악보〉에
전한다. 이 노래의 형식은 전편 4연, 매연 2구, 매구 3·3·2의 기조를 이루고 있
다. 내용은 이별을 노래하되, 이 짧은 형식 속에 담긴 소박하고 꾸밈없는 표현의 묘
미는 이별의 애절한 정한을 잘 나타낸 것으로 일품이라 할 수 있다.

청산별곡

살어리 살어리랏다
청산애 살어리랏다
멀위랑 다래랑 먹고
청산애 살어리랏다
  얄리얄리 얄랑셩 얄라리 얄라

우러라 우러라 새여
자고 니러 우러라 새여
널라와 시름 한 나도
자고 니러 우니노라
  얄리얄리 얄랑셩 얄라리 얄라

가던 새 가던 새 본다
믈 아래 가던 새 본다
잉무든 장글란 가지고
믈 아래 가던 새 본다
  얄리얄리 얄랑셩 얄라리 얄라

이링공 뎌리공 하야
나즈란 디내와손뎌
오리도 가리도 업슨
바므란 또 엇디 호리라
　얄리얄리 얄랑셩 얄라리 얄라

어듸라 더디던 돌코
누리라 마치던 돌코
믜리도 괴리도 업시
마자셔 우니노라
　얄리얄리 얄랑셩 얄라리 얄라

살어리 살어리랏다
바라래 살어리랏다
나마자기 구조개랑 먹고
바라래 살어리랏다
　얄리얄리 얄랑셩 얄라리 얄라

가다가 가다가 드로라
에졍지 가다가 드로라
사사미 짐대예 올아셔
해금을 혀거를 드로라
  얄리얄리 얄랑셩 얄라리 얄라

가다니 배브른 도긔
설진 강수를 비조라
조롱곳 누로기 매와
잡사와니 내 엇디 하리잇고.
  얄리얄리 얄랑셩 얄라리 얄라

도움말　지은이와 연대를 알 수 없는 고려 가요로 〈악장가사〉에 전한다. 전편이 8
연으로 짜여 있고 각 연은 4구, 각 구의 기본 운율은 3·3·2로 되어 있다. 유음(流
音)을 사용하여 부드럽고 율동적인 느낌을 자아내게 하는 뛰어난 작품이다. 이 노
래에는 고독과 짝사랑의 슬픔을 중심으로 한 인생의 고뇌가 가득 차 있다.

동동

덕으란 곰배예 받잡고
복으란 림배예 받잡고
덕이여 복이라 호날
나자라 오소이다
　　아으 동동다리

정월ㅅ 나릿 므른
아으 어져 녹져 하논데
누릿 가온데 나곤
몸하 하올로 널셔
　　아으 동동다리

이월ㅅ 보로매
아으 노피 현
등ㅅ블 다호라
만인 비취실 즈지샷다
　　아으 동동다리

삼월 나며 개한
아으 만춘 달욋고지여
나매 브롤 즈슬
디녀 나샷다
　　아으 동동다리

사월 아니 니저
아으 오실셔 곳고리새여
므슴다 녹사니만
녯 나랄 닛고신뎌
　　아으 동동다리

오월 오일에
아으 수릿날* 아참 약은
즈믄 핼 장존하샬
약이라 받잡노이다
　　아으 동동다리

---

* 수릿날 '단오'의 옛말.

유월ㅅ 보로매
아으 별해 바룐 빗 다호라
도라보실 니믈
젹곰 좃니노이다
　　아으 동동다리

칠월ㅅ 보로매
아으 백종 배하야 두고
니믈 한데 녀가져
원을 비잡노이다
　　아으 동동다리

팔월ㅅ 보로만
아으 가배 나리마란
니믈 뫼셔 녀곤
오날날 가배샷다
　　아으 동동다리

구월 구일애
아으 약이라 먹논 황화
고지 안해 드니
새셔 가만하얘라
　　아으 동동다리

시월애
아으 져미연 바랏 다호라
것거 바리신 후에
디니실 한 부니 업스샷다
　　아으 동동다리

십일월ㅅ 봉당 자리예
아으 한삼 두퍼 누워
슬할 사라온뎌
고우닐 스싀옴 널셔
　　아으 동동다리

십이월ㅅ 분디남가로 갓곤
아으 나잘 반앳 져 다호라
니미 알페 드러 얼이노니
소니 가재다 므라잡노이다.
　　아으 동동다리

〈풀이〉
덕은 뒷잔에 바치옵고
복은 앞잔에 바치오니
덕이며 복이라 하는 것을
(님께) 드리러 오십시오
　　아으 동동다리

정월달의 냇물은
아아, 얼려 녹으려 하는데
세상에 태어나서
이 몸이여 홀로 살아가는구나
　　아으 동동다리

이월 보름(연등절)에
아아, 높이 켜 놓은
등불 같아라
만인을 두루 비추실 모습이러라
　　아으 동동다리

삼월 지나면서 핀
아아, 늦봄의 진달래꽃이여
남이 부러워할 모습을
지니고 태어나셨구나
　　아으 동동다리

사월 아니 잊고
아아, 찾아왔구나 꾀꼬리새여
어찌하여 녹사님은
옛날의 나를 잊고 계시는지
　　아으 동동다리

오월 오일에
아아, 단오날 아침 약은
천 년을 오래 사실
약이기에 바치나이다
　　아으 동동다리

유월 보름(유두)에
아아, 벼랑에 버린 빗 같아라
돌아보실 님을
잠시나마 따르겠나이다
　　아으 동동다리

칠월 보름(백중)에
아아, 여러 가지 제물을 벌여 놓고
님과 함께 살고자
소원을 비나이다
　　아으 동동다리

팔월 보름은
아아, 한가윗날이지마는
님을 모시고 지내야만
오늘이 뜻있는 한가윗날이로다
　　아으 동동다리

구월 구일(중양절)에
아아, 약으로 먹는
노란 국화꽃이 집 안에 드니
초가집 안이 더욱 고요하구나
　　아으 동동다리

시월에
아아, 잘게 썰은 보리수나무 같아라
꺾어 버리신 후에
간직해 주실 한 분이 없으시도다
　　아으 동동다리

십일월 봉당 자리에

아아, 홑적삼을 덮고 누워 자니

슬픈 일이로구나

사랑하는 님과 헤어져 제각기 살아가누나

　　아으 동동다리

십이월 분지나무로 깎은

아아, 님께 차려 올릴 소반의 젓가락 같아라

님의 앞에 들어 가지런히 놓았더니

손님이 가져다가 입에 무는구나.

　　아으 동동다리

도움말 지은이와 연대를 알 수 없는, 모두 13연으로 된 월령체의 고려 가요. 철에 따라 새로워지는, 님을 여읜 한 여성의 그리움을 표현했으며, 시어의 다룸이 뛰어나다. 현실적으로 맺어질 수 없는 사랑을 표현한 것이어서 비극성을 내포하고 있다. 〈악학궤범〉에 실려 있다.

서경별곡

서경이 아즐가 서경이 셔울히마르는
   위 두어렁셩 두어렁셩 다링디리
닷곤데 아즐가 닷곤데 쇼셩경 고외마른
   위 두어렁셩 두어렁셩 다링디리
여해므론 아즐가 여해므론 질삼뵈 바리시고
   위 두어렁셩 두어렁셩 다링디리
괴시란데 아즐가 괴시란데 우러곰 좃니노이다
   위 두어렁셩 두어렁셩 다링디리

구스리 아즐가 구스리 바회예 디신달
   위 두어렁셩 두어렁셩 다링디리
긴힛딴 아즐가 긴힛딴 그츠리잇가 나난
   위 두어렁셩 두어렁셩 다링디리
즈믄 해를 아즐가 즈믄 해를 외오곰 녀신달
   위 두어렁셩 두어렁셩 다링디리
신잇단 아즐가 신잇단 그츠리잇가 나난
   위 두어렁셩 두어렁셩 다링디리

대동강 아즐가 대동강 너븐디 몰라서
　　위 두어렁셩 두어렁셩 다링디리
배내여 아즐가 배내여 노한다 샤공아
　　위 두어렁셩 두어렁셩 다링디리
네 가시 아즐가 네 가시 럼난디 몰라셔
　　위 두어렁셩 두어렁셩 다링디리
녈 배예 아즐가 녈 배에 연즌다 샤공아
　　위 두어렁셩 두어렁셩 다링디리
대동강 아즐가 대동강 건넌편 고즐여
　　위 두어렁셩 두어렁셩 다링디리
배 타 들면 아즐가 배 타 들면 것고리이다 나난.
　　위 두어렁셩 두어렁셩 다링디리

〈풀이〉

서경(평양)이 서울이지마는
새로 닦은 작은 서울(서경)을 사랑합니다마는
(당신과) 이별하기보다는 차라리 길쌈 베를 버리고라도
나를 사랑만 해 주신다면 울면서 쫓아가겠습니다.

구슬이 바위에 떨어진들
끈이야 끊어지겠습니까?
천 년을 외로이 살아간들
믿음이야 끊어지겠습니까?

대동강 넓은 줄을 몰라서
배를 내어 놓았느냐, 사공아
네 아내가 바람난 줄을 몰라서
떠나는 배에 나의 님을 얹었느냐, 사공아
대동강 건너편 꽃(여인)을
배를 타고 가면 꺾을 것입니다.

도움말 지은이와 연대를 알 수 없는 고려 가요로 〈악장가사〉에 전한다. 이 노래는
서경을 중심으로 불리었을 것으로 짐작되는 서민층의 노래다. 함축성 있는 시어와
아름다운 가락으로 표현한 이별의 슬픔은 두드러진다. 형식은 3·3·3 조를 기본
으로 하여 전14절로 구성되어 있고, 각 절마다 첫 구절을 반복하며, 그 사이에 '아
즐가' 라는 말을 넣고, 끝절은 '위 두어렁셩 두어렁셩 다링디리' 라는 후렴구로 되어
있다.

정석가

딩아돌하 당금에 계샹이다
딩아돌하 당금에 계샹이다
션왕셩대예 노니아와지이다

삭삭기 셰몰애 별헤 나난
삭삭기 셰몰애 별헤 나난
구은 밤 닷 되를 심고이다
그 바미 우미 도다 삭 나거시아
그 바미 우미 도다 삭 나거시아
유덕하신 님믈 여해아와지이다

옥으로 연ㅅ고즐 사교이다
옥으로 연ㅅ고즐 사교이다
바회 우희 접주하요이다
그 고지 삼동이 퓌거시아
그 고지 삼동이 퓌거시아
유덕하신 님 여해아와지이다

므쇠로 철릭을 말아 나난
므쇠로 철릭을 말아 나난
철사로 주롬 바고이다
그 오시 다 헐어시아
그 오시 다 헐어시아
유덕하신 님 여해아와지이다

므쇠로 한쇼를 디여다가
므쇠로 한쇼를 디여다가
철슈산에 노호이다
그 쇠 철초를 머거아
그 쇠 철초를 머거아
유덕하신 님 여해아와지이다

구스리 바회예 디신달
구스리 바회예 디신달
긴힛단 그츠리잇가
즈믄 해랄 외오곰 녀신달
즈믄 해랄 외오곰 녀신달
신잇단 그츠리잇가.

〈풀이〉
징이여 돌이여, 지금 (우리 앞에) 계십니다
징이여 돌이여, 지금 (우리 앞에) 계십니다
선왕이 다스리던 태평 세월에 노닐고 싶습니다

사각사각 소리가 나는 가는 모래가 있는 벼랑에
사각사각 소리가 나는 가는 모래가 있는 벼랑에
구운 밤 닷 되를 심습니다
그 밤이 움이 돋아 싹이 나야만
그 밤이 움이 돋아 싹이 나야만
유덕하신 님을 이별하고 싶습니다

구슬로 연꽃을 새기오이다
구슬로 연꽃을 새기오이다
그 꽃을 바위 위에 접을 붙이오이다
접붙인 연꽃이 세 묶음이 피어야만
접붙인 연꽃이 세 묶음이 피어야만
유덕하신 님을 이별하고 싶습니다

무쇠로 철옷을 말라
무쇠로 철옷을 말라
철사로 주름을 박습니다
그 옷이 다 헐어야만
그 옷이 다 헐어야만
유덕하신 님을 이별하고 싶습니다

무쇠로 큰 소를 지어다가
무쇠로 큰 소를 지어다가
쇠로 된 나무가 있는 산에 놓습니다
그 소가 쇠로 된 풀을 먹어야만
그 소가 쇠로 된 풀을 먹어야만
유덕하신 님을 이별하고 싶습니다

구슬이 바위에 떨어진들
구슬이 바위에 떨어진들
끈이야 끊어지겠습니까?
천 년을 외로이 살아간들
천 년을 외로이 살아간들
믿음이야 끊어지겠습니까?

도움말 지은이와 연대를 알 수 없는 고려 가요의 하나로 〈악장가사〉에 전한다. 내용은 태평 성대를 노래하며, 남녀간의 사랑이 무한함을 여러 가지 비유를 들어 표현한 것이다. 노래의 형식은 전편 6연, 한 연은 6구 3행(첫째 연은 3구)으로 되어 있으며, 3·3·4 조를 기본 율조로 하고 있는 송축가이다.

사모곡

호미도 날히언마라난
낟가티 들 리도 업스니이다
아바님도 어이어신마라난
　　위 덩더둥셩
어마님가티 괴시리 업세라
아소 님하
어마님가티 괴시리 업세라.

〈풀이〉
호미도 날이 있는 연장이지마는
낫과 같이 잘 들 리 없습니다.
아버님도 어버이시건마는
　　위 덩더둥셩
어머님과 같이 사랑하실 분이 없어라
아, 님이시여
어머님과 같이 사랑하실 분이 없어라.

도움말　지은이를 알 수 없는 고려 가요의 하나. 어머니의 사랑이 아버지의 그것보
다 훨씬 섬세하고 깊다는 내용을 소박하면서도 극진하게 표현한 작품이다. 〈악장
가사〉와 〈시용향악보〉에 전한다.

상저가

들긔동 방해나 디허 히얘
게우즌 바비나 지어 히얘
아바님 어머님께 받잡고 히야해
남거시든 내 머고리 히야해 히야해.

〈풀이〉
쿵더쿵 방아나 찧어 히얘
거친 밥이나 지어서 히얘
아버님 어머님께 드리고 히야해
남으면 내가 먹으리 히야해 히야해.

도움말 지은이와 연대를 알 수 없는 고려 가요로 〈시용향악보〉에 전한다. 방아찧기의 노래로 일종의 노동요에 속한다. '상저'는 절구통에 둘러 서서 노래를 하면서 방아를 찧는 것을 말한다. 이 노래는 단연으로 된 짧은 노래이지만 아무런 수식도 없는 평범한 말로 촌부의 생활 감정이 그대로 나타나 있다.

만전춘

어름 우희 댓닙자리 보와
님과 나와 어러 주글만뎡
어름 우희 댓닙 자리 보와
님과 나와 어러 주글만뎡
정(情) 둔 오날밤 더듸 새오시라 더듸 새오시라.

경경* 고침*상에 어느 자미 오리오
서창을 여러하니 도화ㅣ 발하두다
도화는 시름 업시 소춘풍*하나다 소춘풍하나다.

넉시라도 님을 한데 녀닛 경* 너기다니
넉시라도 님을 한데 녀닛 경 너기다니
벼기더시니* 뉘러시니잇가 뉘러시니잇가.

---

* 경경(耿耿) 별이 떠 있는 모양. 근심하는 모양.
* 고침(孤枕) 홀로 자는 외로운 잠자리.
* 소춘풍(笑春風) 봄바람에 웃는다는 표현.
* 녀닛 경 남의 일.
* 벼기더시니 어기던 이가.

올하* 올하 아련 비올하
여흘란 어듸 두고 소해 자라 온다
소콧 얼면 여흘도 됴하니 여흘도 됴하니.

남산애 자리 보와 옥산을 벼여 누어
금수산 니블 안해 사향 각시를 아나 누어
남산애 자리 보와 옥산을 벼여 누어
금수산 니블 안해 사향 각시를 아나 누어
약 든 가슴을 맛초압사이다 맛초압사이다.

아소 님하 원대평생*애 여힐 살* 모르옵새.

---

* 올하　오리야.
* 원대평생(遠代平生)　평생토록.
* 여힐 살　여읠 줄.

〈풀이〉
얼음 위에 대나무 자리를 보고
임과 나와 얼어 죽을망정
얼음 위에 대나무 자리를 보고
임과 나와 얼어 죽을망정
정든 오늘 밤 더디 새기를 더디 새기를.

잠 못 이루고 뒤척이는 외로운 베갯머리에 무슨 잠이 오겠는가
서쪽 창문을 여니 복숭아꽃이 피었구나
복숭아꽃은 걱정 없이 봄바람에 웃고 있구나, 봄바람에 웃고 있구나.

넋이라도 임과 함께 하는 말을 남의 일로만 알았더니
넋이라도 임과 함께 하는 말을 남의 일로만 알았더니
어기던 이가 누구였습니까, 누구였습니까?

오리야, 오리야, 연약한 비오리야,
여울은 어디 두고 연못에 자러 오느냐
연못이 곧 얼면 여울도 좋으니, 여울도 좋으니.

남산에 잠자리를 보아 옥산을 베고 누워
금수산 이불 안에서 사향 각시를 안고 누워
남산에 잠자리를 보아 옥산을 베고 누워
금수산 이불 안에서 사향 각시를 안고 누워
사향이 든 (향기로운) 가슴을 맞추십시다, 맞추십시다.

알아 주소서, 임이시여, 원대 평생에 이별할 줄 모르고 지냅시다.

도움말 '만전춘별사' 라고도 불리는 이 작품은 지은이와 연대를 알 수 없는 고려
가요로 〈악장가사〉에 전한다. 사랑을 하고 이별을 경험하면서도 그 임이 내게 다시
오기를 간절히 원하는 시적 화자의 목소리가 솔직하게 표현되어 있다.

쌍화점

쌍화*점에 쌍화 사라 가고신덴
회회아비* 내 손모글 주여이다
이 말싸미 이 점(店) 밧긔 나명들명
다로러거디러 죠고맛감* 삿기 광대 네 마리라 호리라
　　더러둥셩 다리러디러 다리러디러 다로러거디러 다로러
긔 자리예 나도 자라 가리라
　　위 위 다로러거디러 다로러
긔 잔 대가티 덦거츠니* 업다.

삼장사(三藏寺)애 블 혀라 가고신덴
그 뎔 사주ㅣ 내 손모글 주여이다
이 말사미 이 뎔 밧긔 나명들명
다로러거디러 죠고맛간 삿기 상좌(上座)ㅣ 네 마리라 호리라
　　더러둥셩 다리러디러 다리러디러 다로러거디러 다로러
긔 자리예 나도 자라 가리라
　　위 위 다로러거디러 다로러
긔 잔 대가티 덦거츠니 업다.

---

* 쌍화(雙花) 만두.
* 회회(回回)아비 서역인, 색목인.
* 죠고맛감 '죠고맛간(조그마한)'의 오기. 둘째 연부터는 바르게 표기되어 있다.
* 덦거츠니 '우울한 것이', '거친 것이', '지저분한 것이' 등으로 해석됨.

드레 우므레 므를 길라 가고신덴
우믓용이 내 손모글 주여이다
이 말싸미 이 우믈 밧긔 나명들명
다로러거디러 죠고맛간 드레바가 네 마리라 호리라
　더러둥셩 다리러디러 다리러디러 다로러거디러 다로러
그 자리예 나도 자라 가리라
　위 위 다로러거디러 다로러
긔 잔 대가티 덦거츠니 업다.

술 팔 지븨 수를 사라 가고신덴
그 짓아비 내 손모글 주여이다
이 말싸미 이 집 밧긔 나명들명
다로러거디러 죠고맛간 싀구바가 네 마리라 호리라
　더러둥셩 다리러디러 다리러디러 다로러거디러 다로러
그 자리예 나도 자라 가리라
　위 위 다로러거디러 다로러
긔 잔 대가티 덦거츠니 업다.

〈풀이〉
만두가게에 만두를 사러 갔더니
회회아비(몽고인)가 내 손목을 잡더이다
만약에 이 소문이 이 가게 밖에 나며 들며 하면
다로러거디러 조그만 어린 광대(심부름하는 아이) 네 말이라 하리라
더러둥셩 다리러디러 다리러디러 다로러거디러 다로러
그 자리에 나도 자러 가리라
위 위 다로러거디러 다로러
그 잔 데같이 답답한 곳이 없다.

삼장사에 불을 켜러 갔더니
그 절 주지승이 내 손목을 잡더이다
만약 이 소문이 이 절 밖에 나며 들며 하면
조그만 어린 상좌 네 말이라 하리라
더러둥셩 다리러디러 다리러디러 다로러거디러 다로러
그 자리에 나도 자러 가리라
위 위 다로러거디러 다로러
그 잔 데같이 답답한 곳이 없다.

두레 우물에 물을 길러 갔더니
우물의 용이 내 손목을 잡더이다
만약 이 소문이 이 우물 밖에 나며 들며 하면
조그만 두레박아 네 말이라 하리라
더러둥성 다리러디러 다리러디러 다로러거디러 다로러
그 자리에 나도 자러 가리라
위 위 다로러거디러 다로러 / 그 잔 데같이 답답한 곳이 없다.

술 파는 집에 술 사러 갔더니
그 집의 아비가 내 손목을 잡더이다
만약 이 소문이 이 집 밖에 나며 들며 하면
조그만 바가지야 네 말이라 하리라
더러둥성 다리러디러 다리러디러 다로러거디러 다로러
그 자리에 나도 자러 가리라
위 위 다로러거디러 다로러 / 그 잔 데같이 답답한 곳이 없다.

도움말 지은이와 연대를 알 수 없는 이 고려 가요는 고려 말기에 해당하는 충렬왕 무렵부터 민간에 널리 퍼진 속요이다. 남녀 간의 노골적인 애정 표현을 그 내용으로 하고 있으며, 이러한 표현의 주체가 여성 화자라는 점이 특히 주목된다. 어지러우면서도 자유분방한 서민층의 생활 모습과 남녀 관계 등이 꾸밈 없이 드러나 있어 당시의 사회적 배경을 짐작케 한다. 〈악장가사〉, 〈시용향악보〉 등에 전한다.

악장

신도가

정도전

녀난 양주ㅣ 꼬올히여
디위예 신도형승이샷다
개국 성왕이 성대를 니르어샷다
잣다온뎌 당금경* 잣다온뎌
성수 만년하샤 만민의 함락이샷다
　　아으 다롱디리
알판 한강수여 뒤흔 삼각산이여
덕중하신 강산 즈으메
만세를 누리쇼셔.

---

* 당금경 지금의 이 광경. 즉 한양을 말함.

〈풀이〉

옛날에는 양주 고을이여

경계에 새로운 도읍지의 지세가 뛰어나도다

나라를 여신 성왕 이 태조께서 태평성대를 일으키시었도다

도읍지답구나! 지금의 이 광경, 참으로 도읍지답구나!

임금님께서 만수무강하사 온 백성 모두의 즐거움이도다

　　아으 다롱디리

앞에는 한강수여 뒤에는 삼각산이여

땅의 덕이 두터운 이 강산 사이에

만수무강하소서.

도움말　조선 태조 3년 정도전이 지은 악장이다. 조선이 개국하면서 도읍을 개성에서 한양으로 옮긴 것을 예찬하고, 태조의 성덕을 찬양하며, 조선 왕조가 한양에서 만세를 누리자는 송축의 노래이다. 3음보에 '아으 다롱디리'라는 여음이 들어 있는 등 고려 속요의 형식을 띠고 있다.

지은이　정도전(鄭道傳, ? ~ 1398)

고려 말 · 조선 초기의 문인, 학자, 정치가. 조선 개국 1등 공신으로 성리학을 지도 이념으로 내세워 불교를 배척하였다. 저서에 〈조선 경국전〉, 〈경제 육전〉이 있다.

용비어천가

정인지 외

제1장
해동 육룡*이 나라샤
일마다 천복이시니
고성*이 동부 하시니.

〈풀이〉
우리 나라의 여섯 임금이 뜻을 펴고
하시는 일마다 모두 하늘의 복이십니다
옛날 중국 성군들의 하신 일과 똑같이 일치하십니다.

---

* **육룡**(六龍) 목조, 익조, 도조, 환조, 태조, 태종의 여섯 임금을 이름. 목조에서 환조까지는
태조의 선조임.
* **고성**(古聖) 중국의 역대 제왕.

제2장

불휘 기픈 남간 바라매 아니 뮐쌔
곶 됴코 여름 하나니
새미 기픈 므른 가마래 아니 그츨쌔
내히 이러 바라래 가나니.

〈풀이〉

뿌리 깊은 나무는 바람에 흔들리지 않으므로
꽃이 좋고 열매가 많습니다.
원천이 깊은 물은 가뭄에도 그치지 아니하므로
내가 이루어져 바다까지 갑니다.

제4장
적인*ㅅ 서리예 가샤 적인이 갈외어늘
기산 올마샴도 하날 뜨디시니
야인*ㅅ 서리예 가샤 야인이 갈외어늘
덕원 올마샴도 하날 뜨디시니.

〈풀이〉
(주나라 고공단보가) 오랑캐 사이에 가시어, 오랑캐가 침범하므로
기산으로 옮기심도 하늘의 뜻이셨습니다
(익조가) 여진족 사이에 가시어, 여진족이 침범하므로
덕원으로 옮기심도 하늘의 뜻이셨습니다.

＊ 적인(狄人) 중국 북쪽의 야만족.
＊ 야인(野人) 조선 시대에 압록강과 두만강 유역에 살던 여진족.

〈배경 고사〉

［전절］ 주(周)나라 왕조의 선조 후직(后稷)의 12대 손인 고공단보가 선조의 업을 지키며 빈이라는 지역에 살고 있었는데 북쪽 오랑캐가 자꾸만 침범했다. 이에 고공단보가 돈과 말, 보석 등을 주며 달래려 했으나 듣지 않자, 그는 저들이 우리 토지를 탐내는 것이라 하고는, 기산 아래로 옮겨 갔다. 그러자 빈땅의 모든 백성이 고공단보의 덕을 흠모하여 따라 옮김으로써, 훗날 무왕이 나라를 세울 터전을 잡을 수 있었다.

［후절］ 목조가 오동에 살고 있을 때 여진족 제천호(諸千戶)와 가까이 지냈는데, 그 아들 익조 때에 가세가 더욱 성해지자 제천호의 수하들까지도 익조를 섬겼다. 이에 제천호는 사냥을 빙자하여 익조를 살해하려 했는데, 어느 노파에게서 이를 전해 들은 익조는 배를 타고 두만강 아래 적도(赤島)로 피신했다가, 후에 함경도 덕원 지방으로 옮겨 갔다. 그러자 오동과 경흥 백성들이 모두 그를 따라 옮겨 왔다.

제7장
블근새 그를 므러 침실 이페 안자니
성자 혁명*에 제호랄 뵈자바니
바야미 가칠 므러 즘겟가재 연자니
성손장흥*에 가상이 몬졔시니.

〈풀이〉
붉은 새가 글을 물고 (문왕의) 침실문 앞에 앉으니
거룩한 임금의 아들(무왕)이 혁명을 일으키려 하매
하느님이 주신 복을 미리 보이신 것입니다
뱀이 까치를 물어다가 큰 나뭇가지에 얹으니
거룩한 임금의 성손인 태조가 장차 일어남에 있어
경사로운 징조를 보이신 것입니다.

---

* 성자 혁명(聖子革命) 주나라 문왕의 아들 무왕이 은의 폭군 주왕(紂王)을 물리치고 혁명을
  일으키려 함.
* 성손장흥(聖孫將興) 태조가 장차 일어남.

〈배경 고사〉

〔전절〕 주나라 문왕(文王) 때에 천명(天命)을 받은 표시로 붉은 새가 다음과 같은 글을 물고 문왕 침실 출입문에 와 앉았다. "부지런한 사람은 길하고 게으른 사람은 망한다. 의리를 지키는 사람은 흥하고 사욕을 탐하는 자는 흉하다. 무릇 모든 일이 억지로 하지 않으면 사곡(邪曲)이 생기지 않고, 굳세지 못하면 바르지 못하다. 사곡이 일면 망할 것이고, 굳센 사람은 만세를 누린다. 인(仁)으로써 얻고 인으로써 다스리면 백세를 누릴 것이고, 불인(不仁)으로써 얻고 불인으로써 다스리면 당세를 마치지 못하리라."

〔후절〕 도조(度祖)가 행영(行營)에 있을 때, 까치 두 마리가 영중의 나무에 앉았다. 도조가 그것을 쏘고자 하니 휘하 군사들이 모두 "몇백 보나 되는 먼 곳이니 맞히지 못할 것입니다."라고 하였으나, 도조는 활을 쏘아 두 마리의 까치를 땅에 떨어뜨렸다. 마침 그 때 큰 뱀이 나와서 까치를 물어다가 나무 위에 가져다 놓고 먹지 않았다. 사람들이 신기하게 여기며 모두 칭송하였다.

제13장
말싸말 살바리 하대 천명*을 의심하실쌔
꾸므로 뵈아시니
놀애랄* 브르리 하대 천명을 모라실쌔
꾸므로 알외시니.

〈풀이〉
(무왕에게 은나라 주왕을 치라는) 말씀을 사뢰는 사람이 많되
(무왕이) 천명을 의심하므로
(신인이) 꿈으로 (주왕을 치라고) 재촉하시도다
(여말에 이씨를 찬양하는) 노래를 부르는 이가 많되
천명을 모르시므로
(하늘이) 꿈으로 알리시도다.

---

* **천명**(天命) 하늘의 계시.
* **놀애랄** 노래를.

〈배경 고사〉

〔전절〕무왕이 문왕을 이어 즉위했을 때 기약하지 않고 모인 제후가 팔백이나 되었는데, 그들은 모두 주(紂)를 쳐야 한다고 무왕에게 진언했다. 그러나 무왕은 천명(天命)을 알 수 없다 하여 군대를 돌이켰다. 2년 뒤 주왕의 학정이 점점 심해지므로, 무왕은 '내 꿈으로 보나 점괘로 판단하나 천의(天意)가 내게 있음을 알 수 있으니, 반드시 주(紂)를 쳐 이기리라.' 하고 군사를 일으켰다.

〔후절〕이 태조가 위화도에서 회군할 무렵에, 진중에서는 태조가 나라를 세워 백성을 구해 줄 것을 바라는 동요가 떠돌기도 하고 '木子(木 + 子 = 李)'가 나라를 얻을 것이란 뜻의 노래도 불리었으나, 태조는 천명을 모른다 하여 잠저(潛邸)로 돌아갔다. 꿈에 신인(神人)이 하늘에서 내려와 금척(金尺)을 주면서 '공이 문무를 겸하여 백성에게 명망이 높으니, 이것으로써 나라를 바로잡으라.'고 하여, 드디어 마음을 결정하기에 이른 것이라 한다.

제26장
동도에 보내어시날 하리로* 말이 자반달
이 곧 뎌 고대 후날 다라리잇가
북도*에 보내어시날 글발로 말이 자반달
가샴 겨샤매 오날 다라리잇가.

〈풀이〉
(당나라 고조가 당 태종 이세민을) 동도(낙양)에 보내시거늘
(태종의 형 이건성이) 참소로써 말린들
이 곳에 있든 저 곳에 있든 달라지겠습니까?
(공민왕이 환조를) 북도에 보내시거늘 글월로써 말린들
가신 것과 계신 것에 따라 오늘날이 달라지겠습니까?

---

* 하리로 참소로.
* 북도(北道) 북관(北關), 즉 함경도를 뜻함.

〈배경 고사〉

〔전절〕 당(唐)나라 고조(高祖)의 차남 세민(世民)은 진양(晉陽)에서 군사를 일으킨
묘책으로 공명(功名)이 높았다. 장남 건성(建成)이 이를 시기하여 세민을 해치려고
하자, 고조는 세민을 장안(長安)의 동쪽에 있는 낙양(洛陽)으로 보내려 했다.

그러나 이렇게 되면 낙양의 토지와 병권을 장악하여 세민의 세력이 커질 것이므
로, 이를 두려워한 건성의 무리가 참소를 하여 결국 세민은 낙양으로 가지 못하게
되었다.

〔후절〕 고려 공민왕(恭愍王)은 환조를 북도의 병마사로 임명했는데, 환조가 동북
면 사람이었으므로 북도의 병마사로 보내는 것은 옳지 못하다는 상소가 있었다. 그
러나 결국 환조는 북도의 병마사로 가게 되었다.

제34장
물 깊고 배 업건마란
하날히 명하실쌔 말톤* 자히* 건너시니이다
성 높고 다리 업건마란
하날히 도바실쌔 말톤 자히 나리시니이다.

〈풀이〉
물이 깊고 배가 없건마는
하늘이 명하시므로
(금나라 태조가) 말을 탄 채 (혼동강을) 건너시었습니다
성이 높고 사닥다리도 없건마는
하늘이 도우시므로
(태조께서) 말을 탄 채 내리시었습니다.

＊ **말톤** 말을 탄.
＊ **자히** 채. 채로.

〈배경 고사〉

〔전절〕 금(金) 태조(太祖)가 요(遼)나라 황룡부(黃龍府)를 칠 때 혼동강(混同江)에 이르니 배가 없었다. 태조는 한 사람을 시켜 앞을 인도케 하여 자백마를 타고 선뜻 건너며 '내 채찍을 보고 좇으라.' 하므로, 제군(諸軍)이 따라 건너는데 물깊이가 말의 배에 미치었다. 다 건너고 나서 사공을 시켜 건너온 물목을 재게 하니 그 깊이를 헤아릴 수 없었다. 그 길로 황룡부를 떨어뜨렸다.

〔후절〕 이 태조(李太祖)가 송도까지 침입하여 온 홍건적(紅巾賊) 20만을 물리쳤는데, 한때 이 싸움에서 적이 오히려 방루를 쌓고 굳게 지키는 것을 해질 무렵에 여러 군사가 나가 에워쌌다. 이 날 밤 태조는 길가의 한 집에 머물러 있었는데, 밤중에 적이 포위를 뚫고 달아나려고 우리 군사와 성문을 다투느라 혼란해 있었다. 이 틈에 한 적이 뒤에서 창으로 태조의 귀 뒤를 찔렀다. 사세가 매우 위급하여 태조는 칼을 빼어 앞의 7, 8명을 베고 말을 뛰게 하여 성을 넘었건만 말이 넘어지지 않았다. 이에 사람들은 모두 신이(神異)하게 여기었다.

제91장

아바님 이받자발* 제 어마님 그리신 눈므를
좌우ㅣ 하자바 아바님 노하시니
아바님 뵈자바실 제 어마님 여희신* 눈므를
좌우ㅣ 슬싸바* 아바님 일카라시니.

〈풀이〉

(당 태종이 궁중에서) 당 고조를 모시고 잔치를 할 때
죽은 모후를 그리워하신 눈물을
좌우가 참소하여 아버님이 노하셨습니다
(태종이 모후 산소에서 시묘하며) 아버님을 뵐 때
어머님을 여의신 눈물을
좌우가 슬퍼하여 아버님이 아들의 효성을 칭찬하셨습니다.

---

* 이받자발 잔치로 윗사람에게 음식을 드림.
* 여희신 여의신.
* 슬싸바 슬퍼하여.

〈배경 고사〉

〔전절〕 당 태종(唐太宗)이 궁중에서 고조(高祖)를 모시고 잔치를 할 때 죽은 모후(母后)를 생각하여 눈물을 흘리니, 고조의 총희(寵姬)들이 저희들을 미워하여 우는 것이라고 참소하여, 고조가 아들에게 화를 냈다.

〔후절〕 태종(太宗)이 모후(母后)인 신의왕후의 상중에 능 앞에 여막(廬幕)을 짓고 있다가, 태조(太祖)를 뵈러 서울로 향할 때면 길에서 눈물을 그치지 않았다. 또한 태조의 앞에 이르러서도 느낀 바가 있으면 통곡하니, 좌우가 다 슬퍼하였고 태조는 항상 그 효성을 칭찬하였다.

제110장

사조ㅣ 편안히 몯겨샤* 현 고달 올마시뇨*
몃간ㄷ 지븨 사라시리잇고
구중에 드르샤 태평을 누리실 제
이뜨들 닛디 마라쇼셔.

〈풀이〉

사조(목조, 익조, 도조, 환조)께서 편안히 못 계시어
몇 곳을 옮기셨는가?
몇 간이나 되는 집에서 사셨는가?
(임금께서) 궁궐에 드시어 태평성대를 누리실 때에
이 뜻을 잊지 마소서.

---

* 몯겨사 못 계시어.
* 올마시뇨 옮기시었는가?

〈배경 고사〉

목조(穆祖)가 전주에 살 때 지주(知州)와의 사이가 어긋나서 강원도 삼척현으로 옮겨가 살게 되었다. 그러나 거기서도 못 살게 되어 바다를 건너 함길도로 옮겼다가, 원나라에 귀화한 뒤에 다시 경흥부 동쪽 오동 땅에 옮겨 살게 되었다.

원나라에서는 목조에게 오천호소(五千戶所) 다루하치의 벼슬을 주었는데, 우리나라 동북면의 민심이 모두 목조께로 돌아갔다.

익조가 목조의 뒤를 이어 위덕이 날로 높아지니, 야인(野人)들이 익조(翼祖)를 시기하여 죽이려 하므로 익조는 경흥부 동쪽 60여 리에 있는 적도로 피신하여 움을 파고 살다가, 후에 다시 덕원(德源)으로 돌아와 살게 되니 경흥의 백성들이 좇아와서 마치 저자를 이루듯 하였다.

제125장

천세 우희 미리 정하샨 한수 북에*

누인개국하샤* 복년*이 갓업스시니

성신이 니자샤도 경천근민하샤자

더욱 구드시리이다

님금하, 아라쇼셔

낙수예 산행 가 이셔 하나빌* 미드니잇가.

〈풀이〉

천 년 전에 미리 (도읍지로) 정하신 한강 북쪽 땅(한양)에,

어진 덕을 쌓아 나라를 열어,

점지해 받은 왕조의 운수가 끝이 없으십니다

훌륭한 왕손이 대를 이으시어도

하늘을 공경하고 백성을 다스림에 부지런히 힘쓰셔야

(나라가) 더욱 견고하실 것입니다.

후대 임금이시여, (다음의 역사적 사실을) 아소서.

(옛날 하나라 태강왕이) 낙수에 사냥 가 있어

＊ 한수(漢水) 북(北)에 한강의 북쪽 땅에. 한양에.
＊ 누인개국(累仁開國) 어짊을 쌓아 나라를 여시어.
＊ 복년(卜年) 점쳐서 정한 햇수.
＊ 하나빌 할아버지를.

(백 일이 되도록 돌아오지 않아 폐위를 당하였으니, 그는)
할아버지(우왕의 덕망)만을 믿었습니까?

〈배경 고사〉

〔도선의 비결서〕 신라 말의 승려 도선(道詵)의 비결서에 의하면, 삼각산 남쪽, 곧
한양에 도성을 세우면 나라가 흥한다는 말이 있었다고 한다.

〔하나라 태강왕의 고사〕 하나라 우왕의 손자 태강왕이 유흥에 빠져 정사를 돌보
지 않다가 덕을 잃었다. 마침내 낙수에 사냥하러 가서 십 순이 되도록 돌아오지 아
니하므로, 유궁후(有窮后) 예가 그를 하북(河北)에서 막아 돌아오지 못하게 하고 폐
위해 버렸다.

도움말 조선 세종 27년(1445)에 편찬한 창업 송영가이다. 세종의 명으로 정인지,
권제, 안지 등이 세종의 선조 여섯 분의 사적을 노래로 읊어 편찬한 것이다. 서문은
정인지가 썼고 발문은 최항이 썼다. 전10권, 노래는 125장으로 되었는데, 각 장은
제1장과 제125장을 빼놓고는 모두 2수로 되어, 몇 개 예외는 있지만 대체로 첫 수
에 중국 역대 제왕의 사적을 읊고 다음 수에 조선 왕조의 사적을 읊었다.

지은이 정인지(鄭麟趾, 1396 ~ 1478) : 문신, 학자. 조선 초기의 대표적인 학자의
한 사람으로 훈민정음 창제에 공이 크다.
권제 (1387 ~ 1445) : 문신, 학자. 〈고려사〉 편찬에 참여하였다.
안지 (安止, 1377 ~ 1464) : 문신, 학자. 시와 서예에 능했다.

월출산

가사

상춘곡

정극인

1

홍진*에 묻힌 분네 이내 생애 어떠한고
옛 사람 풍류에 미칠까 못 미칠까
천지간 남자 몸이 나만한 이 하건마는*
산림에 묻혀 이셔 지락*을 모를 것가
수간모옥*을 벽계수 앞에 두고
송죽 울울리에 풍월 주인 되었어라.

2

엊그제 겨울 지나 새 봄이 돌아오니
도화행화는 석양리에 피어 있고
녹양방초는 세우* 중에 푸르도다
칼로 말아 낸가, 붓으로 그려 낸가
조화 신공이 물물마다 헌사롭다
수풀에 우는 새는 춘기를 못내 겨워
소리마다 교태로다.

---

* 홍진(紅塵) 속세의 티끌. 즉 속세.
* 하건마는 많건마는.
* 지락(至樂) 지극한 즐거움.
* 수간모옥(數間茅屋) 띠나 이엉 따위로 지붕을 인, 몇 칸 안되는 초라한 집. 초가삼간.
* 세우(細雨) 가랑비.

3
물아일체어니, 흥이야 다를쏘냐
시비*에 걸어 보고, 정자에 앉아 보니
소요음영하여, 산일이 적적한데
한중진미를 알 이 없이 혼자로다.

4
이봐 이웃들아, 산수 구경 가자스라
답청*으란 오늘 하고, 욕기란 내일 하세
아침에 채산 하고 나조에 조수 하세.

5
갓 괴여 익은 술을 갈건으로 받아 놓고
꽃나무 가지 꺾어, 수 놓고 먹으리라
화풍이 건듯 불어 녹수를 건너오니
청향*은 잔에 지고 낙홍은 옷에 진다
준중이 비었거든 날더러 알외어라
소동 아이더러 주가에 술을 물어

* **시비**(柴扉) 사립문.
* **답청**(踏靑) 삼짇날(음력 3월 3일) 땅을 밟아 주는 행사.
* **청향**(淸香) 맑은 향기.

어른은 막대 짚고, 아이는 술을 메고
미음완보하여 시냇가에 혼자 앉아
명사 좋은 물에 잔 씻어 부어 들고
청류를 굽어보니, 떠오느니 도화로다
무릉*이 가깝도다, 저 뫼이 권* 것이고.

6
송간 세로에 두견화를 부치* 들고
봉두*에 급히 올라 구름 속에 앉아 보니
천촌만락이 곳곳이 벌여 있네
연하일휘*는 금수를 재폈는 듯
엊그제 검은 들이 봄빛도 유여할샤.

---

* **무릉**(武陵)　무릉 도원.
* **권**　그것.
* **부치**　붙잡아.
* **봉두**(峰頭)　산봉우리.
* **연하일휘**(煙霞日輝)　안개와 노을과 빛나는 햇살.

7
공명도 날 꺼리고 부귀도 날 꺼리니
청풍명월 외에 어떤 벗이 있사올꼬
단표누항에 헛된 혜음 아니 하니
아모타, 백년 행락이 이만한들 어찌하리.

도움말 조선 세종 때의 학자 정극인의 작품으로 그의 문집 〈불우헌집〉에 실려 있는 가사이다. 속세를 비웃고 자연에 몰입하여 봄을 즐기며 인생을 사는 낙천적인 내용이다.

지은이 정극인(丁克仁, 1401 ~ 1481)
조선 전기의 문신, 학자. 세조가 즉위하자 벼슬을 사임하고 태인에 은거하다가 예종 때 다시 나아가 10년간 여러 벼슬을 거친 뒤 성종 1년(1470)에 사임하고, 귀향하여 후학 양성에 힘썼다.

면앙정가

송순

1

무등산 한 활기* 뫼히 동다히로* 버더 이셔

멀리 떼쳐 와 제월봉이 되어거늘

무변 대야*의 무슨 짐쟉 하노라

일곱 구비 한데 움쳐 므득므득 버려난 듯

가온대 구비는 굼긔* 든 늘근 뇽이

선잠을 갓 깨어 머리를 안쳐시니.

2

너른 바위 우에 송죽을 헤혀고

정자를 안쳐시니

구름 탄 청학이

천 리를 가리라 두 나래 버렷는 듯.

3

옥천산 용천산 나린 믈이

정자 앞 너븐 들에 올올히 펴진드시

넙거든 기노라 프르거든 희디 마나

쌍룡이 뒤트는 듯 긴 깁을 채 폈는 듯

---

* 활기 줄기.
* 동다히로 동쪽으로.

* 대야(大野) 끝없이 넓은 들.
* 금긔 구멍에.

어드러로 가노라 무슨 일 배얏바*
듣는 듯 따로는 듯 밤낮으로 흐르는 듯.

4
므조친 사정은 눈같이 펴졌거든
어즈러온 기러기는 므스거슬 어르노라
안즈락 내리락 모드락 훗트락
노화*를 사이 두고 우러곰 좃니난고.

5
너븐 길 밧기오* 긴 하날 아래 두르고
꼬잔 거슨 뫼힌가 병풍인가 그림가 아닌가
노픈 듯 나즌 듯 긋난 듯* 잇난 듯
숨거니 뵈거니 가거니 머믈거니
이즈러온 가온데 일홈 난 양하야
하날도 젓티 아녀* 웃독이 셧난 거시
추월산 머리 짓고 용구산 몽선산

＊ 배얏바 바빠서.　　　　　　　＊ 긋난 듯 끊어지는 듯.
＊ 노화(蘆花) 갈대꽃.　　　　　＊ 젓티 아녀 두려워하지 않고.
＊ 밧기오 저쪽의.

불대산 어등산 용진산 금성산이
허공에 버러거든 원근 창애의
머믄 것도 하도 할샤*.

6
흰구름 브흰 연하 프르나난 산람이라
천암 만학을 제 집을 삼아 두고
나명셩 들명셩 일해도 구난지고
오르거니 내리거니 장공을 떠나거니
광야로 거너거니 프르락 불그락 여트락 디트락
사양과 섯거디어 세우조차 쁘리난다.

7
남여*를 배야 타고 솔 아래 구븐 길로
오며 가며 하는 적의 녹양의 우는 황앵
교태겨워 하는고야
나모 새 자자지어 녹음이 얼랜 적의
백천 난간의 긴 조으름 내여 펴니
수면 양풍이야 그칠 줄 모르는가.

＊ 하도 할샤 많기도 많구나.
＊ 남여(藍輿) 뚜껑 없는 가마.

8
즌서리* 빠딘 후의* 산빗치 금슈로다
황운은 또 엇디 만경*의 펴거 디오
어적*도 흥을 겨워 달을 따라 브니난다*.

9
초목 다 진 후의 강산이 매몰커늘
조물리 헌사하야* 빙설로 꾸며 내니
경국요대와 옥해은산이 안저에 버러셰라
건곤도 가암열사 간 데마다 경이로다.

10
인간을 떠나와도 내 몸이 겨를 없다
이것도 보려 하고 져것도 드르려코
바람도 혀려 하고 달도 마즈려코

---

* 즌서리 된서리.
* 빠딘 후의 거친 후에.
* 만경(萬頃) 넓은 들판.

* 어적(漁笛) 고기잡이 배의 피리.
* 브니난다 부는구나.
* 헌사하야 야단스러워.

밤으란 언제 줍고 고기란 언제 낙고
시비란 뉘 다드며 딘 곳츠란* 뉘 쓸려뇨
아침이 낫브거니* 나조해라 슬흘소냐
오늘리 부족커니 내일리라 유여하랴
이 뫼에 안자 보고 뎌 뫼에 거러 보니
번로한* 마음의 버릴 일이 아조 업다
쉴 사이 업거든 길히나 젼하리야
다만 한 청려장이 다 미듸어 가노매라.

11
술이 닉어거니 벗지라 업슬소냐
블내며* 타이며* 혀이며 이아며
온가짓 소리로 취흥을 배야거니*
근심이라 이시며 시름이라 브터시랴
누으락 안즈락 구브락 져츠락
을프락* 파람하락* 노혜로 놀거니
천지도 넙고넙고 일월도 한가하다

---

* 딘 곳츠란 떨어진 꽃은.
* 아침이 낫브거니 아침 시간이 모자라서.
* 번로(煩勞)한 번거로운.
* 블내며 노래를 부르게 하며.

* 타이며 악기를 타게 하며.
* 배야거니 재촉하니.
* 을프락 시를 읊었다가.
* 파람하락 휘파람을 불었다가.

희황을 모랄러니 니적이야 긔로고야*
신선이 엇더턴지 이 몸이야 긔로고야.

12
강산풍월 거날리고 내 백 년을 다 누리면
악양루상의 이태백이 사라오다
호탕정회야 이예서 더할소냐.

13
이 몸이 이렁 굼도 역군은이샷다*.

도움말 조선 중종 때 송순이 지은 모두 79구의 가사이다. 송순은 고향인 전라도 담양 기촌에 면앙정*을 짓고, 산수의 아름다움과 사시의 경치, 그리고 자신의 풍류를 담아 이 노래를 지었다. 뛰어난 묘사로 높이 평가되는 서경 가사로 정극인의 '상춘곡'의 계통을 잇고 있으며, 다시 정철의 '성산별곡'에 영향을 끼친 것으로 본다.

지은이 송순(宋純, 1493 ~ 1583)
호는 면앙정. 조선 중종 ~ 선조 때의 문신. 시가 문학의 정수를 이어 명작들을 남겼다. 저서로는 〈기촌집〉과 〈면앙집〉이 있다.

＊ 긔로고야 그것이로다.
＊ 역군은(亦君恩)이샷다 또한 임금님의 은혜로구나.
＊ 면앙정 송순이 벼슬에서 물러나 고향 담양 기촌에 지은 누각.

관동별곡

정철

1

강호*에 병*이 깊어 죽림에 누웠더니

관동 팔백 리에 방면을 맡기시니

어와 성은이야 가디록 망극하다.

2

연추문 들이달아 경회 남문 바라보며

하직고 물러나니 옥절이 앞에 섰다

평구역 말을 갈아 흑수로 돌아드니

섬강은 어디메오, 치악은 여기로다

소양강 내린 물이 어디러로 든단 말고

고신 거국에 백발도 하도할샤*.

3

동주* 밤 겨우 새워 북관정에 올라 하니

삼각산 제일봉이 하마면* 뵈리로다

궁왕 대궐터에 오작이 지저귀니

---

* **강호**(江湖) 자연. 지은이가 벼슬에서 물러나 지내던 전라도 창평을 말함.
* **병**(病) 자연을 사랑하는 마음.
* **하도할샤** 많기도 많구나.
* **동주**(東州) 철원의 옛 이름.
* **하마면** 웬만하면.

천고 흥망을 아는다 모르는다
회양 옛 이름이 마초아 같을시고
급장유 풍채를 고쳐 아니 볼 게이고.

4
영중이 무사하고 시절이 삼월인 제
화천 시내 길이 풍악*으로 벋어 있다
행장을 다 떨치고 석경에 막대 짚어
백천동 곁에 두고 만폭동 들어가니
은 같은 무지개 옥 같은 용의 초리*
섯돌며 뿜는 소리 십 리에 잦았으니
들을 제는 우레러니 보니난 눈이로다.

5
금강대 맨 위층에 선학이 새끼 치니
춘풍 옥적성에 첫잠을 깨었던지

---

* 풍악(楓嶽) 금강산의 가을철 별칭.
* 초리 꼬리.

호의현상이 반공에 솟아 뜨니
서호 옛 주인을 반겨서 넘노는 듯.

6
소향로 대향로 눈 아래 굽어보며
정양사 진헐대 고쳐 올라 안잔마리*
여산 진면목이 여기야 다 뵈나다
어와, 조화옹이 헌사토 헌사할사
날거든 뛰지 마나 섰거든 솟지 마나
부용을 꽂았는 듯 백옥을 묶었는 듯
동명을 박차는 듯, 북극을 괴었는 듯
높을시고 망고대, 외로울사 혈망봉이
하늘에 치밀어 무슨 일을 사뢰리라
천만 겁 지나도록 굽힐 줄 모르난다
어와 너여이고, 너 같은 이 또 있는가.

7
개심대 고쳐 올라 중향성 바라보며

---

* 안잔마리 앉아 보니.

만이천 봉을 역력히 헤여하니*
봉마다 맺혀 있고 끝마다 서린 기운
맑거든 좋지 마나, 좋거든 맑지 마나
저 기운 흩어 내어 인걸을 만들고쟈
형용도 그지없고 체세도 하도할샤
천지 삼기실 제 자연히 되었마는
이제 와 보게 되니 유정도 유정할샤
비로봉 상상두에 올라 본 이 그 뉘신고
동산 태산이 얼마나 높았던고
노국* 좁은 줄도 우리는 모르거든
넓거나 넓은 천지 어찌하여 적단 말고
어와 저 지위를 어이하면 알 것인고
오르지 못하거니 내려감이 고이할까*.

8
원통골 가는 길로 사자봉을 찾아가니
그 앞의 너러바위 화룡소 되었셰라

---

* 헤여하니 세어 보니.
* 노국(魯國) 공자가 태어난 나라를 가리킴.
* 고이할까 이상할까.

천년 노룡이 굽이굽이 서려 있어
주야에 흘러내려 창해예 이었으니
풍운을 언제 얻어 삼일우를 지려는다*
음애에 이온* 풀을 다 살려 내어사라.

9
마하연 묘길상 안문재 넘어 디여*
외나무 썩은 다리 불정대 올라하니
천심 절벽을 반공에 세워 두고
은하수 한 굽이를 촌촌이 베어 내어
실같이 풀쳐 있어 베같이 걸었으니
도경 열두 굽이 내 봄에는 여럿이라.
이 적선* 이제 있어 고쳐 의논하게 되면
여산이 여기보다 낫단 말 못하려니.

10
산중을 매양 보랴, 동해로 가쟈사라

---

* 지려는다 내리려는가.
* 음애(陰崖)에 이온 그늘진 벼랑에 시든.
* 넘어 디여 넘어 내려가.
* 이 적선 이태백을 가리킴.

남여 완보하여 산영루에 올라하니
영롱 벽계와 수성 제조는 이별을 원하는 듯
정기를 떨치니 오색이 넘노난 듯
고각을 섯부니 해운이 다 걷는 듯
명사길 익은 말이 취선을 비끼 실어
바다를 곁에 두고 해당화로 들어가니
백구야 날지 마라, 네 벗인 줄 어찌 아난.

11
금난굴 돌아 들어 총석정에 올라하니
백옥루 남은 기둥 다만 넷이 서 있고야
공수의 성녕인가, 귀부로 다듬은가
구태여 육면은 무엇을 상톳던고*.

12
고성을랑 저만 두고 삼일포를 찾아가니
단서는 완연하되 사선은 어데 가니
예 사흘 머문 후에 어디 가 또 머문고

---

* 상톳던고 본떴던고.

선유담 영랑호 거기나 가 있는가
청간정 만경대 몇 곳에 앉돗던고.

13
이화는 벌써 지고 접동새 슬피 울 제
낙산 동반으로 의상대*에 올라앉아
일출을 보리라 밤중만 일어나니
상운이 집히는 둥, 육룡이 버티는 둥
바다해 떠날 제는 만국이 일위더니
천중에 치뜨니 호발을 헤리로다
아마도 녈구름이 근처에 머물세라
시선은 어디 가고 해타만 남았나니
천지간 장한 기별 자세히도 할셔이고.

14
사양 현산의 척촉*을 므니* 밟아

* 의상대 강원도 양양군 강현면 전진리에 있는 정자. 원래는 암자였다고 함.
* **척촉** 석양의 철쭉꽃.
* 므니 잇달아.

우개지륜이 경포로 내려가니
십 리 빙환을 다리고 고쳐 다려
장송 울한 속에 슬카장 퍼졌으니
물결도 자도 잘샤 모래를 헤리로다
고주 해람하여 정자 위에 올라가니
강문교 넘은 곁에 대양이 거기로다
종용한다 이 기상 활원한다 저 경계
이도곤 갖은 데 또 어디 있단 말고
홍장 고사를 헌사타 하리로다
강릉 대도호 풍속이 좋을시고
절효 정문*이 골골이 버러시니
비옥가봉이 이제도 있다 할다.

15
진주관 죽서루 오십천 내린 물이
태백산 그림자를 동해로 담아 가니
차라리 한강의 목멱*에 닿이고자
왕정이 유한하고 풍경이 못 슬미니

---

* **절효 정문**(節孝旌門) 충신 · 효자 · 열녀 등을 표창하기 위해 세운 정문.
* **목멱**(木覓) 남산의 옛 이름.

유회도 하도 할샤 객수도 둘 데 없다
선사를 띄워 내어 두우*로 향하살까
선인을 찾으러 단혈에 머무를까.

16
천근을 못내 보아 망양정에 오른 말이
바다 밖은 하늘이니 하늘 밖은 무엇인고
가뜩 노한 고래 뉘라서 놀래관대
불거니 뿜거니 어지러이 구는지고
은산을 꺾어 내어 육합에 내리는 듯
오월 장천에 백설은 므사 일꼬.

17
져근덧 밤이 들어 풍랑이 정하거늘
부상 지척*에 명월을 기다리니
서광 천장이 뵈는 듯 숨는고야
주렴을 고쳐 걷고 옥계를 다시 쓸며
계명성 돋도록 고초 앉아 바라보니

＊**두우**(斗牛) 북두칠성과 견우성.
＊**부상 지척**(扶桑咫尺) 동쪽 바다와 아주 가까운 거리.

백련화 한 가지를 뉘라서 보내신고
이리 좋은 세계 남에게 다 뵈고자
유하주 가득 부어 달에게 묻는 말이
영웅은 어데 가며 사선은 긔 뉘러니
아무나 만나보아 옛 기별 묻자 하니
선산 동해에 갈 길도 머도 멀샤.

18
송근을 베어 누워 풋잠을 얼핏 드니
그대를 내 모르랴, 상계의 진선이라
황정경 일 자를 어찌 그릇 읽어 두고
인간에 내려와서 우리를 따르는가
져근덧 가지 마오 이 술 한 잔 먹어 보오
북두성 기울여 창해수 부어 내어
저 먹고 날 먹여늘 서너 잔 기울이니
화풍이 습습하여 양액을 추켜 드니
구만 리 장공에 져기면 날리로다
이 술 가져다가 사해에 고루 나눠
억만 창생을 다 취케 만든 후에
그제야 고쳐 만나 또 한잔 하잣고야

말 디자* 학을 타고 구공에 올라가니
공중 옥소 소리 어제런가 그제런가
나도 잠을 깨어 바다를 굽어보니
깊이를 모르거니 가인들 어찌 알리
명월이 천산 만락에 아니 비친 데 없다.

도움말 정철이 선조 13년(1580) 45세 되는 정월에 강원도 관찰사에 제수되어, 원주에 부임 후 3월에 이르러 내·외해금강과 관동 팔경을 골고루 유람하며 산수, 풍경, 고사, 풍속 등을 읊은 가사로 〈송강가사〉에 실려 있다. 이 가사를 지을 때는 송강의 정치 생활의 득의의 시대이었으니만큼 가사 전체가 명랑하고 표현은 대단히 화려하게 되어 있다. 전문을 크게 4단으로 분류할 수 있다. 제1단은 강원도 부임, 제2단은 내금강 유람, 제3단은 외금강과 동해안(관동 팔경) 유람, 제4단은 지은이의 풍류를 읊은 것이다.

지은이 정철(鄭澈, 1536 ~ 1593)
조선 선조 때의 문신, 시인. 윤선도와 더불어 고전 시가의 쌍벽으로 일컬어진다. 작품으로는 '관동별곡', '사미인곡', '속미인곡' 등의 가사와 '훈민가' 등의 시조가 있다.

---

* **말 디자** 말이 끝나자.

사미인곡

정철

1

이 몸 삼기실 제 님을 좇아 삼기시니*
한생 연분이며 하늘 모를 일이런가
나 하나 졈어 있고 님 하나 날 괴시니*
이 마음 이 사랑 견줄 데 노여 없다.

2

평생에 원하오되 한데 녜자* 하였더니
늙거야 무슨 일로 외오 두고 그리는고
엊그제 님을 뫼셔 광한전에 올랐더니
그더대* 어찌하여 하계에 내려오니
올 적에 빗은 머리 헛틀언 지 삼 년이라
연지분 있네마는 눌 위하여 고이 할꼬
마음에 맺힌 시름 첩첩이 쌓여 있어
짓느니 한숨이요, 지느니 눈물이라
인생은 유한한데 시름도 그지없다.

---

* 삼기시니 태어났으니.
* 괴시니 사랑하시니.
* 한데 녜자 함께 살아가려.
* 그더대 그 동안에.

3
무심한 세월은 물 흐르듯 하는고야
염량*이 때를 알아 가는 듯 고쳐 오니
듣거니 보거니 느낄 일도 하도할샤.

4
동풍이 건듯 불어 적설을 헤쳐 내니
창 밖에 심은 매화 두세 가지 피었세라
가뜩 냉담한데 암향은 무슨 일고
황혼의 달이 좇아 벼맡에 비치니
느끼는 듯 반기는 듯 님이신가 아니신가
저 매화 꺾어 내어 님 계신 데 보내고자
님이 너를 보고 어떻다 여기실꼬.

5
꽃 지고 새 잎 나니 녹음이 깔렸는데
나위 적막하고 수막이 비어 있다
부용을 걷어 놓고 공작을 둘러 두니
가뜩 시름 한데 날은 어찌 기돗던고*

---
* **염량**(炎凉) 덥고 추움.
* **기돗던고** 길던고.

원앙금 베어 놓고 오색선 풀어 내어
금자에 겨누어서 님의 옷 지어 내니
수품은카니와 제도도 갖을시고
산호수 지게 위에 백옥함에 담아 두고
님에게 보내오려 님 계신 데 바라보니
산인가 구름인가 머흐도 머흘시고*
천리 만리 길을 뉘라서 찾아갈꼬
니거든* 열어 두고 날인가 반기실까.

6
하룻밤 서리김에 기러기 울어 녈 제
위루에 혼자 올라 수정렴 걷은 말이
동산에 달이 나고 북극에 별이 뵈니
님이신가 반기니 눈물이 절로 난다
청광을 쥐여 내어 봉황루*에 부치고자
누 위에 걸어 두고 팔황에 다 비추어
심산 궁곡 점낮*같이 맹그소서.

---

* **머흐도 머흘시고** 험하기도 험하구나.
* **니거든** 가거든.
* **봉황루(鳳凰樓)** 님(임금)이 계신 서울.
* **점낮** 대낮.

7

건곤이 폐색하여 백설이 한빛인 제
사람은카니와 날새도 그쳐 있다
소상 남반도 추움이 이렇거든
옥루고처야 더욱 일러 무엇하리
양춘을 부쳐 내어 님 계신 데 쏘이고자
모첨 비친 해를 옥루에 올리고자
홍상을 니미 차고 취수를 반만 걷어
일모수죽의 헴가림도 하도할샤
짧은 해 수이 디어 긴 밤을 고초 앉아
청등 걸온 곁에 전공후 놓아 두고
꿈에나 님을 보려 턱 받고 비꼈으니
앙금도 차도 찰샤 이 밤은 언제 샐꼬.

8

하루도 열두 때 한 달도 서른 날
져근덧 생각 말아 이 시름 잊자 하니
마음에 맺혀 있어 골수에 깨쳤으니
편작*이 열이 오나 이 병을 어찌하리

---

* 편작(扁鵲) 중국 전국 시대의 명의.

어와 내 병이야 이 님의 탓이로다
차라리 시어지어* 범나비 되오리라
꽃나무 가지마다 간 데 족족 앉니다가
향 묻은 나래로 님의 곳에 옮으리라
님이야 날인 줄 모르셔도 내 님 좇으려 하노라.

도움말 정철이 50세 되던 선조 18년(1585) 8월에 당파 싸움으로 인하여 조정에서
밀려나 창평에서 3년간 은거하고 있을 때 임금을 사모하는 정을, 한 여인이 그 남
편을 생이별하고 연모하는 마음에 기탁하여 써 자기의 충정을 고백한 것이 이 가사
이며 〈송강가사〉에 실려 있다.

＊ 시어지어 죽어 없어져서.

속미인곡

정철

1

(갑녀)

저 가는 저 각시 본 듯도 한뎌이고.

천상 백옥경*을 어찌하여 이별하고

해 다 져 저문 날에 누굴 보러 가시는고.

2

(을녀)

어와 네여이고, 내 사설 들어 보오.

내 얼굴 이 거동이 님 괴얌즉 하냐마는

어쩐지 날 보시고 네로다 여기실새,

나도 님을 믿어 군뜻*이 전혀 없어,

이래야 교태야 어즈러이 굴었던지,

반기시는 낯빛이 예와 어찌 다르신고.

누워 생각하고 일어 앉아 헤어 하니*,

내 몸의 지은 죄 뫼같이 쌓였으니

하늘이라 원망하며 사람이라 허물하랴.

설워 풀쳐 헤니 조물의 탓이로다.

---

* **백옥경**(白玉京) 하늘 위에 옥황 상제가 산다고 하는 가상적인 서울. 여기는 임금이 계신 서
    울을 가리킴.
* **군뜻** 딴 뜻.
* **헤어 하니** 헤아려 생각하니.

3
(갑녀)
글란 생각 마오.

4
(을녀)
맺힌 일이 있어이다
님을 뫼셔 있어 님의 일을 내 알거니
물 같은 얼굴이 편하실 적 몇 날일고
춘한 고열은 어찌하여 지내시며
추일 동천은 뉘라서 뫼셨는고
죽조반 조석뫼 예와 같이 세시는가*
기나긴 밤의 잠은 어찌 자시는고.

5
님다히* 소식을 아무려나 아자 하니
오늘도 거의로다 내일이면 사람 올까
내 마음 둘 데 없다 어디러로 가잔 말고
잡거니 밀거니 높은 뫼에 올라가니

＊ 세시는가 잡수시는가.
＊ 님다히 님 계시는 곳의.

구름은 카니와 안개는 무슨 일고
산천이 어둡거니 일월을 어찌 보며
지척을 모르거든 천 리를 바라보랴
차라리 물가에 가 뱃길이나 보자 하니
바람이야 물결이야 어둥정* 된더이고
사공은 어데 가고 빈 배만 걸렸나니
강천에 혼자 서서 지는 해를 굽어보니
님다히 소식이 더욱 아득한더이고.

6
모첨 찬 자리에 밤중만 돌아오니
반벽 청등은 눌 위하여 밝았는고
오르며 나리며 헤뜨며 바니니*
져근덧 역진하여 풋잠을 잠깐 드니
정성이 지극하여 꿈에 님을 보니
옥 같은 얼굴이 반이나마 늙었세라
마음에 먹은 말씀 슬카장 삷자 하니
눈물이 바라 나니 말인들 어이하며

───────────────────
* 어둥정 어리둥절하게.
* 바니니 방황하니.

정을 못 다 하여 목이조차 메여 하니
오던된 계성의* 잠은 어찌 깨었던고.

7

어와 허사로다 이 님이 어데 간고
결의 일어 앉아 창을 열고 바라보니
어엿븐* 그림자 날 좇을 뿐이로다
차라리 시여디어 낙월이나 되어 있어
님 계신 창 안에 번듯이 비치리라.

8

(갑녀)

각시님 달이야카니와* 궂은 비나 되소서.

도움말 정철이 지은 가사로, '사미인곡'의 속편이라 할 수 있다. '사미인곡'과 마찬가지로 조정에서 물러나 창평으로 내려가 한가한 가운데 불우한 세월을 보내면서 읊은 것으로서, 역시 나라 걱정과 임금을 그리워하는 마음을 두 여인의 대화체로 구성하였다. '사미인곡', '속미인곡'에는 정철이 4년 동안 고향에 은거하면서 임금의 소명을 고대하는 심정이 절절히 드러나 있다. 〈송강가사〉에 전한다.

* 오던된 계성(鷄聲)의 방정맞은 닭 소리에.   * 달이야카니와 달은 그만두고.
* 어엿븐 가엾은.

성산별곡

정철

1
어떤 지날 손이 성산*에 머물면서
서하당 식영정 주인아 내 말 듣소
인생 세간에 도흔 일 하건마는
어찌 한 강산을 가지록 나이 여겨*
적막 산중에 들고 아니 나시는고.

2
송근을 다시 쓸고 죽상에 자리 보아
져근덧 올라 앉아 어떤고 다시 보니
천변에 떴는 구름 서석을 집을 삼아
나는 듯 드는 양이 주인과 어떠한고
창계 흰 물결이 정자 앞에 둘렀으니
천손 운금을 뉘라서 버혀 내어
잇는 듯 펴치는 듯 헌사토 헌사할샤
산중에 책력 없어 사시를 모르더니
눈 아래 헤친 경이 철철이 절로 나니
듣거니 보거니 일마다 선간이라.

* 성산(星山) 전라도 창평에 있는 산. 정철이 은거한 곳.
* 나이 여겨 낮게 여겨.

3

매창 아적 볕에 향기에 잠을 깨니
산옹의 해올 일이 곧 없도 아니하다
울 밑 양지편에 외씨를 삐허 두고*
매거니 돋우거니 빗김에 달화내니
청문 고사를 이제도 있다 할다
망혜를 배야 신고 죽장을 흩어지니
도화 핀 시냇길이 방초주에 이어세라
닦봇은* 명경중 절로 그린 석병풍
그림자 벗을 삼고 새와로 함께 가니
도원은 여기로다 무릉은 어디메오.

4

남풍이 건듯 불어 녹음을 헤쳐 내니
절 아는 꾀꼬리는 어디로서 오돗던고
희황 베개 위에 풋잠을 얼풋 깨니
공중 젖은 난간 물 위에 떠 있고야
마의를 의미차고 갈건을 기우쓰고
구부락 비기락 보는 것이 고기로다

---

* 삐허 두고 뿌려 두고.
* 닦봇은 잘 닦은.

하룻밤 빗기운에 홍백련이 섞여 피니
바람기 없어서 만산이 향기로다
염계를 마주 보아 태극을 묻잡는 듯
태을진인*이 옥자를 헤혔는 듯
노자암 바라보며 자미탄 곁에 두고
장송을 차일 삼아 석경에 앉아 하니
인간 유월이 여기는 삼추로다
청강에 떴는 오리 백사에 옮아 앉아
백구로 벗을 삼고 잠깰 줄 모르나니
무심코 한가함이 주인과 어떠한고.

5
오동 서리 달이 사경*에 돋아 오니
천암 만학이 낮인들 그러할까
호주 수정궁을 뉘라서 옮겨 온고
은하를 건너 뛰어 광한전에 올랐는 듯
짝 맞은 늙은 솔란 조대에 세워 두고
그 아래 배를 띄워 갈대로 더져 두니

＊ **태을진인** 하늘에 있는 진선.
＊ **사경**(四更) 새벽 1시부터 3시 사이.

홍뇨화 백빈주 어느 사이 지나관데
환벽당 용의 소가 배 앞에 닿았느니
꺼강 녹초변에 소 먹이는 아이들이
어위를 겨워 단적을 비끼 부니
물 아래 잠긴 용이 잠깨어 일어날 듯
내끼에* 나온 학이 제 깃을 버리고
반공에 솔아 뜰 듯
소선 적벽은 추칠월이 좋다 하되
팔월 십오야를 모다 어찌 과하는고
섬운이 사권하고* 물결이 채잔 적에
하늘에 돋은 달이 솔 위에
잡다가 빠진 줄이 적선이 헌사할사.

6
공산에 쌓인 잎을 삭풍이 걷우불어
떼구름 거느리고 눈조차 몰아오니
천공이 호새로와* 옥으로 꽃을 지어

---

* 내끼에 안개 기운에.
* 사권하고 사방으로 걷어 치고.
* 호새로와 일하기를 좋아하여.

만수천림을 꾸며곰 낼세이고
앞여울 가리 얼어 독목교 비꼈는데
막대 멘 늙은 중이 어느 절로 간단 말고
산옹이 이 부귀를 남다려 헌사마오
경요굴 은세계를 찾을 이 있을세라.

7
산중에 벗이 없어 황권을 쌓아 두고
만고 인물을 거살이* 헤어하니
성현은카니와 호걸도 하도할샤
하늘 삼기실 제 곧 무심할까마는
어찌 한시운이 일락배락 하였는고
모를 일도 하거니와 애달음도 그지없다.
기산의 늙은 고불 귀는 어찌 씻돗던고
일표를 떨친 후에 조장이 더욱 높다.

---

* 거살이 거슬러.

8

인심이 낯 같아야 보도록 새롭거늘
세사는 구름이라 머흐고 머흘시고
엊그제 빚은 술이 어도록* 익었나니
잡거니 밀거니 슬카장 거후로니*
마음에 맺힌 시름 적으나 하리나다*
거문고 시욹 얹어 풍입송 이야고야
손인동 주인인동 다 잊어버렸어라
장공에 떴는 학이 이 골의 진선이라
요대 월하에 행여 아니 만나신가
손이서 주인다려 일오대 그대 진가 하노라.

도움말 정철이 지은 가사로 〈송강가사〉에 실려 있다. 성산은 정철이 을축사화로 귀양 다니던 아버지를 따라 10여 년간 정든 땅인 창평 지곡리의 별뫼이다. 이 가사는 성산의 풍경과 식영정·서하당을 중심으로 읊은 것으로 특히 김성원을 경모하여 지은 것으로, 연대는 정철이 25세, 김성원이 36세 때이니 명종 15년(1560) 이다.

* **어도록** 얼마나.
* **거후로니** 기울이니.
* **하리나다** 낫구나.

규원가

허난설헌

1

엊그제 젊었더니 하마 어이 다 늙으니
소년 행락 생각하니 일러도 속절없다
늙어야 설운 말씀 하자니 목이 멘다.

2

부생 모육 신고하여 이 내 몸 길러낼 제
공후 배필은 못 바라도 군자 호구 원하더니
삼생의 원업이요 월하의 연분으로
장안 유협 경박자를 꿈같이 만나 있어
당시의 용심하기 살얼음 디디는 듯.

3

삼오 이팔* 겨우 지나 천연여질 절로 이니
이 얼굴 이 태도로 백년 기약 하였더니
연광이 홀홀하고 조물이 다 시하여
봄바람 가을 물이 뵈오리 북 지나듯
설빈화안 어디 두고 면목가증 되었구나
내 얼굴 내 보거니 어느 님이 날 괼소냐

---

* 삼오 이팔(三五二八) 열다섯 정도의 꽃다운 나이.

스스로 참괴하니 누구를 원망하리.

4

삼삼 오오 야유원의 새 사람이 나단 말가
꽃 피고 날 저물 제 정처 없이 나가 있어
백마 금편으로 어디어디 머무는고
원근을 모르거니 소식이야 더욱 알랴
인연을 긋쳐신들* 생각이야 없을소냐
얼굴을 못 보거든 그립기나 말으려면
열두 때 김도 길샤 서른 날 지루하다.

5

옥창에* 심은 매화 몇 번이나 피고 진고
겨울밤 차고 찰 제 자최눈 섞어 치고
여름날 길고 길 제 궂은 비는 무슨 일고
삼춘화류 호시절의 경물이 시름없다
가을 달 방에 들고 실솔*이 상에 울 제

* 인연을 긋쳐신들 인연은 끊어졌지마는.
* 옥창(玉窓)에 여자들이 머무는 규방 앞에.
* 실솔 귀뚜라미.

긴 한숨 지는 눈물 속절없이 헴만 많다
아마도 모진 목숨 죽기도 어려울사.

6
돌이켜 풀쳐 헤니 이리 하여 어이 하리
청등을 돌려 놓고 녹기금* 빗기 안아
벽련화 한 곡조를 시름조차 섞어 타니
소상우의 댓소리 섯도난 듯
화표 천 년의 별학이 우니는 듯
옥수의 타는 수단 옛 소리 잇다마는
부용장 적막하니 뉘 귀에 들리소니
간장이 구곡되어 굽이굽이 끈쳐서라.

---

* 녹기금(綠綺琴) 푸른 거문고.

7
차라리 잠을 들어 꿈에나 보려 하니
바람에 지는 잎과 풀 속에 우는 짐승
무슨 일 원수로서 잠조차 깨우는가
천상의 견우 직녀 은하수 막혀서도
칠월 칠석 일년 일도 실기치 아니거든
우리 님 가신 후는 무슨 약수 가렸간데
오거나 가거나 소식조차 그쳤는고
난간에 비껴 서서 님 가신 데 바라보니
초로는 맺혀 있고 모운*이 지나갈 제
죽림 푸른 곳에 새 소리 더욱 설다
세상의 설운 사람 수없다 하려니와
박명한 홍안이야* 나 같은 이 또 있을까
아마도 이 님의 지위로 살 동 말 동 하여라.

도움말 지은이는 〈고금가곡〉에는 허균의 누님 허난설헌이라 했고, 〈순오지〉에서
는 허균의 처 무옥이라고 했으나 허난설헌으로 보는 설이 유력하다. 내용은 봉건
사회의 속박 속에서 눈물로 세월을 보내야 하는 부녀자의 심정을 읊은 가사이다.

지은이 허난설헌(許蘭雪軒, 1563 ~ 1589)
조선 명종 선조 때의 여류 시인. 대표작으로 가사 '규원가' 등이 있다.

＊ **모운(暮雲)** 저녁 구름.
＊ **박명(薄命)한 홍안(紅顔)이야** 운명이 기구한 여자야.

누항사

박인로

1

어리고 우활할산 이내 우해 더니 업다
길흉화복을 하날긔* 부쳐 두고
누항* 깊은 곳에 초막을 지어 두고
풍조우석에 석은 딥히* 셥히 되야
서 홉 밥 닷 홉 죽에 연기도 하도 할샤
설데인 숙냉애* 빈 배 속일 뿐이로다
생애 이러하다 장부 뜻을 옴길넌가
안빈 일념을 적을망졍 품고 이셔
수의로 살려 하니 날로조차 저어하다
가을에 부족거든 봄이라 유여하며
주머니 뷔엿거든 병에라 담겨시랴.

2

빈곤한 인생이 천지간의 나뿐이라
기한이 절신하다 일단심을 이질난가
분의망신하야 죽어야 말녀너겨
우탁 우낭의 줌줌이 모와 녀코

---

* 하날긔 하늘에.
* 누항(陋巷) 누추한 곳.
* 석은 딥히 썩은 짚이.
* 설데인 숙냉(熟冷)애 덜 데워진 숭늉에.

병과 오재예 감사심을 가져 이셔
이시섭혈 하야 몇 백 전을 지내연고.

3
일신이 여가 있어 일가를 돌아보랴
일노장수*난 노주분을 잊어거든
고여춘급*을 어내 사이 생각하리
경당문노*인달 눌다려 물랄난고
궁경가색이 내 분인 줄 알리로다
신야경수와 농상경옹을 천타 하리 업건마는
아므려 갈고젼달 어내 쇼로 갈로손고.
(후략)

도움말 〈노계문집〉에 전하는 박인로의 가사로, 이덕형이 찾아와서 생활이 어떠냐
고 묻는 데 대하여 이 노래로 답하였다. 안빈낙도하는 삶의 모습이 잘 엿보인다.
지은이 박인로(朴仁老, 1561 ~ 1642)
조선 시대의 무신. 무과에 급제하여 수군만호에 이르렀으나, 후에 벼슬에서 물러나
독서와 시작에 전념하였다. 작품으로는 가사 7편과 시조 72수가 전한다.

─────────────────────────────

＊ 일노장수(一奴長鬚) 긴 수염이 난 종.
＊ 고여춘급(告余春及) 나에게 봄이 왔다고 일러 줌.
＊ 경당문노(耕當問奴) 밭 갈기를 종에게 물음.

일동장유가

김인겸

1

평생의 소활하야 공명의 뜻이 없네
진사 청명 족하거니 대과하여 무엇하리
당둥 제구 없이 하고 유산 행장 차려 내여
팔도로 두로 놀아 명산 대천 다 본 후의
풍월을 희롱하고 금호*의 누엇더니
북창의 잠을 깨야 세상 기별 들어 하니
관백이 죽다 하고 통신사 청한다네.
(중략)

2

장풍의 돛을 다라 늌션*이 함께 떠나
삼현*과 군악 소리 산해를 진동하니
물 속의 어룡들이 응당이 놀라도다
해구를 얼픗 지나 오륙도 뒤지우고
고국을 돌아보니 야식이 챵망하야
아무것도 아니 뵈고, 연하 변진 각 포의
불빛 두어 점이 구름 밧긔 뵐 만하다.

＊금호 금강. 김인겸의 집이 있던 공주를 가리킴.
＊늌션(六船) 여섯 척의 배.
＊삼현(三絃) 거문고, 가야금, 비파의 세 악기.

3
배방의 누어 이셔 내 신세를 생각하니
갓득이 심난한데 대풍이 일어나서
태산 같은 성낸 물결 천지의 자옥하니
크나큰 만곡주가 나모닙 브치이듯
하늘의 올랏다가 지함의 나려디니
열두 발 쌍 돛대는 차아 쳐로 굽어 잇고
쉰두 폭 초석 돛은 반달쳐로 배블닛네
굴근 우레 잔 벼락은 등 아래셔 진동하고
성낸 고래 독한 용은 물 속에서 희롱하니
방 속의 요강 타고 쟈바디고 업더지고
샹하 좌우 배방 널은 닙닙히 우는고나.
(후략)

도움말　조선 영조 때 김인겸이 국문으로 지은 장편 기행 가사다. 영조 39년에 일본 통신사 조엄을 수행하여, 그 다음해 돌아올 때까지 보고 들은 일본의 문물 제도, 인정, 풍속 등을 보고 들은 대로 기록한 8천여 구의 작품이다. 오늘의 관점에서 보더라도 기행문으로서 손색이 없는 가사이다.

지은이　김인겸(金仁謙, 1707 ～ 1772)
조선 영조 때의 관리. 소과인 사마시에 급제하여 진사가 되었고, 영조 39년에 일본 통신사에 삼방 서기로 수행했다.

한려수도

고전 수필

주옹설

권근

어떤 이가 늙은 뱃사람에게 물었다.

"당신은 늘 배를 타고 있는데 어부로 보자니 낚시가 없고, 장사꾼으로 보자니 물건이 없고, 강나루에서 행인을 실어 나르는 뱃사공으로 보자니 강물을 왔다갔다하는 것을 보지 못하겠소. 나뭇잎만한 조각배 하나를 타고 끝이 보이지 않는 물 속에 들어가서 거센 폭풍우와 무서운 풍랑을 만나면, 돛대도 꺾이고 삿대도 부러져서 죽음이 경각간*에 닥치게 되고 정신은 삶과 죽음의 갈림길을 헤맬 터인데, 이렇게 위험한 생활을 중지하고 육지로 올라오지 않으니 그것은 무엇 때문이오?"

그가 대답하였다.

"여보시오! 당신은 생각해 보지 않았소? 인간의 마음이란 간사하기 짝이 없다는 것을 말이오. 사람이란 평탄한 길만 걷다 보면 방자해지고, 위험한 곳에 가면 두려워서 어쩔 줄을 모르는 것이오. 두려움을

---

* 경각간(頃刻間) 아주 짧은 사이.

느끼면 경계하는 마음이 생겨 자신의 존재를 튼튼히 하려고 노력하지만, 반대로 편안한 생활 속에 방자한 마음이 생기면 결국에는 생활이 방탕해져서 자신을 망치게 되는 것이오. 그러므로 나는 차라리 위험한 처지에 있으면서 늘 경계하는 마음을 가질지언정 편안한 생활에 빠져 스스로를 망치고 싶지 않소. 게다가 나의 이 배는 항상 물 위에 떠 있지만 한쪽으로 치우치게 되면 반드시 기울어져서 전복되기 때문에 왼쪽이든 오른쪽이든 어느 쪽도 더 무겁지도 않고 더 가볍지도 않게 내가 늘 그 중심에서 균형을 잡아 준다오. 그런 뒤에라야 이 배는 한쪽으로 기울지 않고 평행을 이룬다오. 이렇게 평형을 이루면 아무리 거센 풍랑을 만나도 배가 전복되지 않을 터이니 그 풍랑이 어찌 내 마음의 평정을 흔들 수 있겠소. 한편으로 생각해 보면 인간 세상은 커다란 물결과 같고, 사람의 마음은 큰 바람과 같소이다. 인간의 조고마한 몸은 그 물결과 바람 가운데 끼여 있는 것이오. 그러니 인간의 몸이 만경 창파에 떠 있는 나뭇잎만한 조각배 하나와 무엇이 다르겠소? 내가 배를 타고 물 위에 떠다니며 육지에서 생활하는 이 세상 사람들을 바라보니 그들은 늘 편안한 것만을 생각하고 있소. 자기 앞에 닥쳐올 환난은 염려하지도 않는다는 말이오. 때로는 무모하게 함부로 욕심을 부리다가 마침내는 서로 붙들고 함께 물 속으로 빠져 들어가는 것도 보았소. 이러하거늘 당신은 어찌하여 이런 것은 두려워하지도 않고 도리어 나를 염려하는 것이오?"

도움말 어떤 사람과 뱃사람의 대화를 통하여, 세상을 살아가는 처세의 한 방법을 제시하고 있다. 뱃사람은 물 위에 사는 것처럼 늘 조심스러운 생활 태도를 지녀야 함을 강조하고 있다.

지은이 권근(權近, 1352 ~ 1409)
고려 말 · 조선 초기의 학자, 정치가. 호는 양촌(陽村). 이색의 문하에서 성리학 연구에 힘을 기울였다. 저서에 〈양촌집〉, 〈오경천견록〉 등이 있다.

어우야담 초

유몽인

양송천과 해송자

　양송천 응정*이 원님이 되어 고을의 청사를 지을 때, 목수가 상량하며 톱질하더니, 송천이 손님과 함께 그 아래 앉아 술을 마셨다. 소반 가운데 해송자* 씨가 심히 싱싱하거늘 아이를 불러 동산에 심으라고 하면서 말하기를,

　"다른 날에 이 솔이 자라거든 마땅히 베어 관판*을 하리라."
하니, 손님이 양송천더러 일러 말하기를,

　"그 송자가 장대하여 결실하거든 나는 마땅히 그 열매를 따 심어서 그 장대하거든 내 관재*를 하리라."
하였다. 목수가 말하기를,

　"다른 날에 두 합하 만세 후에 소인은 마땅히 두 합하 관을 짜리이다."

---

* 양응정(梁應鼎)　조선 명종~선조 때의 문신.(1519~1581)
* 해송자(海松子)　잣.
* 관판(棺板)　관을 만드는 데 쓰는 널빤지.
* 관재(棺材)　관의 재료.

하였다. 두 사람이 크게 웃고, 곡식 닷 섬을 갖다가 그 말에 대해 상을 주니, 슬프다, 사람의 수명 장단이 어찌 사람의 입에 있으리요.

논개의 장절

논개*는 진주 기생이다. 계사년(선조 26년, 1593)을 당하여 김천일*의 창의한 군사가 진주에 들어와 웅거하여 왜적을 항거하더니, 성이 함몰하매 의군이 패하여 백성이 다 죽었다. 이 때에 논개 응장 성식을 하고 촉석루* 아래 뾰족한 바위 앞에 섰으니, 그 아래 만 길이나 하고 물 깊은 가운데를 임하였다. 모든 왜놈이 보고 좋아는 하되 감히 가까이 올 이 없더니, 홀로 한 왜가 나아오니 논개 웃고 맞았다. 왜장이 인하여 와 달래는지라, 논개 드디어 그 왜를 안고 강 큰 소(沼)에 몸을 던져 함께 죽었다.

수염 잡고 손 맞는 주인

한 작은 사나이로 수염이 긴 자가 있었다. 집이 넉넉하며 매양 주찬을 갖추어 빈객을 대접했다. 하루는 아내로 더불어 언약하기를,
"내 상객을 보거든 윗수염을 잡고, 중객을 보거든 가운뎃수염을 만지고, 하객을 보거든 아랫수염을 만질 것이니, 임자는 세 층으로 주찬을 장만하라."

---

* 논개(論介) 조선 선조 때의 장수(長水) 태생의 진주(晉州)의 의기(義妓).
* 김천일(金千鎰) 임진왜란 때의 의병장.(1537~1593)
* 촉석루(矗石樓) 진주 남강에 있는 누.

하였다. 그런데 방중에서 가만히 한 말을 혹 밖의 사람이 아는 자가 있었다.

하객이 오거늘 주인이 아래 수염을 잡으니, 아내 주효*를 박히 하여 대접하였다. 세 잔이 지나매 주인이 말하기를, 집이 가난하여 주효 맛이 박하니, 존객을 대접함이 작지 아니다 하여 명하여 거두라 하니, 객이 말하기를 이 주식이 맛이 다르오니 이어 마시고 거두지 말라 하였다. 주인이 웃으며 말하기를 이것이 나를 비웃는 말이라 하고 즉시 거두었다. 후에 손이 그 일을 아는 자가 있어 오니, 주인이 아랫수염을 잡았다. 객이 말하기를 "청컨대 손을 조곰 올려 잡으라." 하니 주인이 크게 부끄러워 하였다. 그런 고로 요사이 사람이 술 마시는 것을 일러 "수염 잡는다." 하더라.

아들을 낳거든

오성 부원군 이항복*이 말하기를,
"준마*가 새끼를 서울서 낳거든 마땅히 외방에 가 기를 것이요, 선비가 아들을 외방에서 낳거든 마땅히 서울서 기를 것이라."
하니, 이 참된 격언이다.

요사이 서울이 궤핍*하여 비록 좋은 말이 있으나 능히 먹여 기르지 못할 것이니, 준마를 성재코자 하거든 마땅히 외방에 가 기를 것이요, 외방 유사가 역학 아니 하니, 비록 재사가 있으나, 능히 성취치 못할 것이니, 그 아들을 성취코자 할진대 마땅히 서울에 가 기를 것이다.

---

* 주효(酒肴) 술과 안주.
* 이항복(李恒福) 조선 선조 때의 공신. 영의정.(1556~1618)
* 준마(駿馬) 잘 달리는 말.
* 궤핍 물질이 모자람.

내 조정 반열의 금옥* 붙이고, 품질* 높은 자를 보니 다 이 서울 사람이더라. 조정의 사람 쓰기 편벽된 것이 아니라 근래 서울 와서 벼슬 하기 엿보다가 심히 괴로운지라. 외방 조사*가 즐겨 오래 서울서 벼슬 아니 하느니라.

슬프다, 성도 십리의 인재 얼마나 많으뇨. 만조의 푸르고 붉은 것이 다 그 가운데 나니, 요사이를 당하여 탐농하는 놈이 아름다운 벼슬을 도모하는 자가 서울 놓고 어디 가리요. 그러한즉 외방 선비 서울 비하면 망아지 같으니라.

도움말 조선 광해군 13년(1621)에 유몽인이 지은 야담, 설화, 수필집. 당시 유명 무명 인사들에 대한 일화와 항담 가설을 모아 해학과 기지가 번득이게 묘사하였다.

지은이 유몽인(柳夢寅, 1559 ~ 1623)
조선 중기의 문장가. 호는 어우당(於于堂). 설화 문학의 대가였으며 글씨에도 뛰어났다. 저서로는 〈어우야담(於于野談)〉, 〈어우집(於于集)〉 등이 있다.

＊금옥(金玉) 금관자 옥관자.
＊품질(品秩) 관료의 품계.
＊조사(朝士) 조정의 선비.

야언

신흠

모든 병을 다 의약으로 고칠 수 있으나
속된 병만은 고칠 수 없다. 속된 병을 고치는 것은 오직 책이다.

술을 마심에 참맛이 있으니 취하는 데 있지도 않고, 취하지 않는 데
있는 것도 아니다. 얼굴빛만 조금 발개지는 사람으로는 소요부*가 있
고, 곤드레로 취하는 이로는 유백륜*이 있다.

일은 알맞다고 느껴질 때에 그만두어야 하며, 말도 또한 뜻에 알맞다
고 느껴지는 데서 머물러야 한다. 그래야만 허물과 뉘우침을 줄이고,
다함 없는 흥취를 깨닫게 된다.

---

* **소요부(邵堯夫)** 송(宋)나라 학자인 소옹(邵雍)의 자. 저서에 〈관물편〉 등이 있음.(1011~1077)
* **유백륜(劉伯倫)** 진(晉)나라 사상가 유령(劉伶)의 자. 죽림 칠현의 한 사람으로 술을 즐겼음.
　저서에 〈주덕송〉 등이 있음.(? ~ ?)

독서는 이로움이 있을 뿐 해로움이 없다. 시냇물과 산을 사랑하면 이로움이 있을 뿐 해로움이 없다. 꽃과 대와 바람과 달을 즐기면 이로움이 있을 뿐 해로움이 없다. 단정히 앉아 고요히 입 다물고 있으면 이로움이 있을 뿐 해로움이 없다.

차가 끓어 향내 맑을 때 손님이 찾아오면 기쁜 일이요, 새가 지저귀며 꽃이 지는데 사람이 없으면 또한 스스로 유연 자적*할 것이다. 참된 샘은 담담하여 맛이 없으며, 깨끗한 물은 순수하여 향취가 없는 법이다.

뜻이 다하여 말이 그친 것은 천하에 지극한 말이다. 그러나 말이 그치고도 뜻이 다하지 않은 것은 더욱 지극한 말이 된다.

사람이 하루를 삶에 있어 혹 한 가지 선한 말을 듣거나, 한 가지 선한 일을 보거나, 한 가지 선한 일을 실천하였다면, 이 날이야말로 헛되게 산 것이 아니다.

시 짓는 일은 본성의 자연스러움에 맞아야 한다. 이에서 지나치면 뼈를 깎는 괴로움이 된다. 술은 사람의 정을 기쁘게 하는 정도에서 그쳐야 한다. 여기서 넘치면 정을 해쳐서 광탕에 빠지게 된다.

무척 고운 꽃은 향기가 부족하고, 향기가 많은 꽃은 빛깔이 곱지 않다. 그러므로 부귀한 모습으로 사치스러운 이는 맑은 기상이 적고, 그윽한 인품의 향기가 있는 이는 겉모습이 초라한 경우가 많다. 군자는

---

* 유연 자적(悠然自適) 침착하고 여유가 있게 삶.

차라리 백 대를 두고 향기를 낼지언정 한 때의 고운 빛을 구하지 않는다.

인의롭고 후덕한 것과 각렴하고 박정함은 더 사람다워지느냐 아니면 더 나쁜 사람이 되느냐의 문이 된다. 겸손하며 자제하는 것과 영일*하여 자만함은 재화를 당하느냐 행복해지느냐의 문이 된다. 근면하여 검소한 것과 사치하고 태타*함은 못 사느냐 잘 사느냐의 문이 된다. 천성을 잘 지켜 기르는 것과 욕망의 노예가 됨은 사람다워지느냐 마귀가 되느냐의 문이 된다.

문을 닫고서 읽고 싶은 책을 읽는 일과 문을 열어 놓고 그리운 손님을 맞이하는 일과 문 밖에 나가서 보고 싶은 곳을 찾아 즐기는 일은 곧 인간의 세 가지 즐거운 일이다.

병에 걸리지 않고 오래 살기를 바라는 사람은 먼저 그 정(精)을 귀히 여겨야 한다. 정이 가득 차면 기가 장대해지고, 기가 장대하면 정신이 왕성해진다.

마음이 비면 맑아지고, 자리가 확정되면 고요해진다. 말을 적게 하고 듣기도 적게 하면 정신과 목숨을 보존한다.

안으로 그 마음을 보면, 마음은 그 마음 될 것이 없으며, 겉으로 그 모습을 보면, 모습은 그 형체 될 것이 없으며, 그 사물을 멀리서 살피면, 사물은 그 사물 될 것이 없다.

---

* 영일(盈溢) 가득 차 넘침.
* 태타(怠惰) 몹시 게으름.

천하의 일은 오늘 옳은 것이 내일에는 변하여 그릇된 것이 되며, 오늘 그른 일이 내일에는 변하여 옳은 것이 되며, 오늘의 은혜가 내일에는 변하여 원수가 되며, 오늘의 원수가 내일에는 변하여 은혜가 되기도 한다. 그러므로 성인은 떳떳하게 살면서도 변화가 올 것을 근심한다.

물은 잠기기 때문에 온축*하여 오행의 정수가 되며, 불은 비양*하는 까닭으로 발달하여 오행의 냄새가 되며, 나무는 창무*하기 때문에 화려하여 오행의 색이 되며, 쇠는 견고하기 때문에 충실하여 오행의 소리가 되며, 흙은 조화하기 때문에 자양하여 오행의 맛이 된다.

몸은 적연*한 곳에 두어야 하고, 마음은 통연*한 곳에 두어야 하며, 세사는 혼연한 곳에 두어야 하며, 일은 자연*에 맡겨 두어야 한다.

천하의 일은 그것을 쟁취하면 마음에 만족이 없고, 그것을 사양하면 언제나 마음에 여유가 있다.

물과 불은 서로 쓰이는 사물이나, 그 씀이 법도에서 벗어나면, 때로는 집을 망가뜨리게도 되고, 술과 떡은 늘 먹는 물건이지만 먹음이 법도에서 벗어나면, 때로는 몸을 해치게 된다.

덕으로 나아가고 업을 닦는 것은 자신을 바로 함만 같지 못하다. 자

---

* 온축(蘊蓄) 마음 속에 깊이 쌓아 둠.
* 비양(飛揚) 높이 날아오름.
* 창무(暢茂) 풀과 나무가 잘 자라서 무성함.
* 적연(寂然) 조용하고 쓸쓸함.
* 통연(洞然) 막힘이 없이 트여 밝고 환함.
* 자연(自然) 사람의 힘을 더하지 아니한, 우주 사이에 저절로 된 그대로의 현상.

기를 바로 하면 남도 또한 바르고, 자기가 바르면 일도 또한 발라지니, 한결같이 자기를 바로 하면 천하가 만 번 변하여도 응변할 수 있다.

도움말 신흠의 〈상촌집〉에 있는 글로, 생각날 때마다 한두 줄씩 적어서 엮은 수필이다. 짤막한 금언이나 경구처럼 함축성이 풍부한 단상(斷想)들이 파스칼의 〈수상록〉과 같은 형태이다.

지은이 신흠(申欽, 1566 ~ 1628)
조선 인조 때의 학자, 문신. 호는 상촌(象村). 선조로부터 영창 대군의 보필을 부탁받은 유교 칠신(遺敎七臣)의 한 사람. 시조 몇 수와 시문집 〈상촌집(象村集)〉이 있다.

명성 왕후의 내간

명성 왕후

요사이 기운이나 무사히 지내옵시는가 아옵고자 하오며 병환은 비록 가볍지 아니하다 하오나 젊은 사람이니 자연 아니 나으랴 바라옵다가 마침내 구치 못하오니 크게 짠하옵고* 탁탁하오니 이 어찐 일이온고. 아무리 생각하와도 거짓 일 같사옵고 당신 마음이나 인평위* 마음이나 그리하도록 남에게 없는 온순한 인심을 가지고서 저리 되오니 천도가 그리도록 무지하실사 원망스럽습니다.

해는 점점 기옵고 이러구러 세월을 지내옵실꼬. 당신 마음을 생각하오면 목이 메옵고 딱하오구려. 당신이야 하나님도 그대도록 남의 인생도 섧게 만들어셨을까. 평소에 선택함이나 번화한 것을 남의 유에 조화하오시던 일과 유화하오시던 일 가지가지 곰곰 생각하오면 일각도 잊히온 바가 없사와 인하여 병도 되올까 설으오이다.

어떤 사람은 시동생이라 하고 일러 하옵는고, 실로 내 동생인들 마음

---

* 짠하다 마음에 걸리어 아프다.
* 인평위(寅平尉) 숙휘 공주의 남편.

이 이대도록 못 잊히옵고 섧사오면 어이 하오리까. 어려서부터 동갑*
동갑 하옵고 각별히 하옵다가 당신이 저리 되오시니 살뜰히 못 잊히옵
고 가련하옵시니 차라리 마음이 사나운 사람 같사오면 낫자올 듯 싶으
오이다. 상사(喪事)에 의복은 당신을 생각하오면 무엇이 귀하오며 아까
운 것이 있사오리까마는 한 가지 것도 정과 같지 아니하오니 더욱 섭
섭 슬프오이다.

평소에 한때 못 보아도 섭섭하여 하옵던데 보올 날이 아득하오니 더
욱 그립삽고 섭섭 슬프와 하오며 이 곳 있사온 때는 매우 가직하오니*
든든하옵더니 저 곳 가오시오니 더욱 마음이 어쩌는 수 없이 슬프오이
다. 숙정* 당신이 이르옵시거늘 듣자오니 진지를 두서 술은 겨우 자신
다 하오니 아무리 섧삽셔도 두루 생각하옵소서. 위로 자전*께오서 계시
고 아래로 어린 아이들을 생각하옵시지, 그리 한갓 설운 일만 생각고
헤아림을 아니 하옵시나이까. 당신은 멀리 떨어져 있어 모르옵시거니
와 자전께오서 어찌 염려를 하오시는가 여기시나이까. 아무려나 진지
나 잘 자옵시고 마음을 위로하여 지내옵심을 수없이 바라옵나이다. 주
상*께서는 안질로 회답 바로 못 하오시고 가이없이 섭섭하여 하오시나
이다. 나도 벌써 글월이나 적사올 것이오되 망극 중 보옵시기 폐롭사올
까 이제야 적사오니 섭섭하여 하옵나이다.

도움말　명성 왕후가, 남편 인평위의 상을 당한 시누이 숙휘 공주에게 보낸, 진심
으로 위로하는 간곡한 정이 어려 있는 편지이다.

지은이　명성 왕후(明聖王后, 1642 ~ 1683)
조선 현종의 비. 성은 김씨. 숙종과 세 공주를 낳았다.

＊**동갑**(同甲)　숙휘 공주와 명성 왕후가 나이가 같음을 뜻함.
＊**가직하다**　서로 거리가 가깝다.
＊**숙정**(淑靜)　공주. 숙휘 공주의 동생.
＊**자전**(慈殿)　임금의 어머니로, 효종 왕비를 말함.
＊**주상**(主上)　현종을 말함.

요로원 야화기

박두세

조선 숙종 임금 4년 무오년(1678) 봄에, 내가 서울에서 과거를 보고 내려올 때의 일이었다. 내 행색이 아주 형편없고 야윈 몰골이었다. 병든 말 위에 봇짐을 싣고 오는데, 몸종도 없는 데다 옷마저 남루했다. 그러니 길에 나설 때마다 보는 자는 모두 다 나를 업신여겼다.

낮에 소사교* 에서 길을 떠나 저녁에 요로원 지방에 있는 역원으로 가는데, 오리도 채 못 가서 말이 다리를 절기 시작했다. 말을 매우 세차게 몰아 초저녁에야 간신히 요로원에 이르렀다.

길을 가는 나그네들이 벌써 주막에 들어 있었다. 짐이라야 단출하고, 외로운 처지인 내가 주인에게 호령할 만한 세력도 없는지라, 마음 속으로 생각하기를, 양반이 들어 있는 집으로 들어갈까 해서 한 주막에 들어갔다. 그랬더니 봉당* 위에 한 양반이 반만 누워 있었다. 내가 올라가

---

* **소사교**(素沙郊) 진위에서 갈원을 지나 성환역으로 빠지는 길목에 있는 소사평(素沙坪). 이 소사평에서 성환을 거쳐 아산의 온양으로 빠지는 길목에 요로원(要路院)이 있음.
* **봉당**(封堂) 안방과 건넌방 사이 마루를 놓을 데에 마루를 놓지 않고 토방으로 그대로 둔 곳.

는 꼴을 보고, 그 양반은 종을 크게 불러 이르기를,

"네놈들은 어디 있관데 행인을 막지 않느냐?"

두 종이 작도간에서 대답하고 나왔다. 그 때, 나는 이미 말 등에서 내려서 있었다.

그 종 중의 한 놈은 내 말을 치우고, 한 놈은 내 등을 떠밀어 내기에, 나는 밀리어 나오면서 말하기를,

"남이 자리잡은 거처를 뺏으려고 하는 게 아니어. 잠깐 머물러 있다가 딴 곳으로 가서 자리를 잡으려고 하는데, 너희 양반이 어찌 이렇듯 매몰차고 박정하게 대하는 거여."

하였다. 그러자 봉당에서 손님이 듣고 웃으면서,

"그만두라."

하기에, 나는 도로 봉당 앞으로 걸어갔다.

손님은 이미 이부자리를 펴 놓고 누워 있었다.

내가 장차 정중히 인사를 하려고 하는데, 손님은 도리어 응대해 주지 않았다. 나는 속으로 생각하기를,

'이 사람은 틀림없이 번화한 서울의 뼈대 있는 집안의 사람일 게다. 그래서 그런지 옷과 갓이 선명하고, 안장을 얹은 말이 호사스럽구나. 나를 시골 사람이라 하여 답례를 않는구나. 어디, 저 자의 어리석은 기백과 교만한 뜻을 교묘하고 간사스러운 내 꾀로 속여 보자.'

하고, 앞으로 나아가 공손히 절을 했다.

그러나 손님은 응대하지 않고 느직이 묻기를,

"그대, 어디 있는가?"

나는 이미 그를 속이려고 작정했는라, 얼른 대답하기를,

"충청도 홍주 서면 금곡리에 살고 있슈."

손님은 내 말이 너무나 공손함을 우습게 여기고 하는 말이,

"내, 그대더러 주소를 신고하라 하더냐?"

대개, 주소에는 고을의 면 이름을 다 쓰기에 하는 말이었다.

내가 머리를 굽신거리며 말하기를,

"어르신께서 물으시니께 감히 자세히 여쭙지 않을 수 없어 드린 말씀이유."

하고, 이어서 청하여 말하기를,

"주막이 빈 데가 없고, 이미 벌써 밤이 깊어서 그러니, 덕분에 여기서 밤을 새우게 해 주시유."

손님이 희롱하여 말하기를,

"처음에는 가겠노라 하고, 이제는 자고자 하니, 이는 두 말이로군."

내가 대답하기를,

"처음은 그냥 그만두라 하시고, 이제는 가라 하시면, 이는 한 말씀인 가유?"

손님이 웃으며 말하기를,

"그대 또한 양반이로다. 양반이 양반과 더불어 한데 자는 게 어찌 옳지 않겠는가?"

내가 짐짓 대답하기를,

"그러시면 덕분이 가볍지 않겠구먼유."

하고, 종더러 말하기를,

"마소 들여매고, 양식쌀 내와라."

하자, 손님이 웃으면서 말하기를,

"그대, 소도 가져왔는가. 소는 어찌 겸하여 이르고, 양식을 쌀이라 하니, 종이 쌀인 줄 알고 소인 줄 알 게 아닌가."

내가 대답하여 말하기를,

"시골 사람은 말과 소를 겸하여 이르고, 양식을 쌀로 겸하여 이르지 유, 이런 말을 시골 사람은 웃지 않는데, 어르신께서는 홀로 웃으시 니, 어르신도 분명히 서울 손님이구먼유."

손님이 말하기를,

"그대 또한 아름다운 사람이로다."

그리고는 묻기를,

"그대, 어디를 어찌하여 갔다가 어디서 오는가."

내가 짐짓 시골말로 대답하기를,

"쬐꼬만 연고 있어 서울 갔다 오는구면요."

손님이 또 묻기를,

"무슨 연고인고?"

내가 대답하기를,

"친척이 죄로 몰린 일이 있어, 죄값을 주고 힘 좀 써 주러 갔다 오누면요."

손님이 말하기를,

"서울에는 아는 이 뉘가 있으며, 힘써 주는 일은 어떻게 되었는가?"

대답하기를,

"서울 주인은 육조 앞의 김승(金丞)이지유. 김승은 병조 관원이라, 출입을 할 때는 비록 걸어다니지만, 관복을 입고 모자를 썼는데, 그 사람이 가볍지 않은 탓으로, 이 관원을 연줄로 삼아 일을 해결하려고 했슈. 그런데 값이 모자라서, 이전에 무명 반 동*을 들여놓고, 이제 십여 필이 있어야 한다고 해서, 다시 마련하러 내려가는구면요."

손님이 한숨을 내쉬고 크게 탄식하면서 말하기를,

"그대, 남에게 속았네. 이른바 김승은 서리요 관원이 아니네. 관원이 어찌 걸어다니겠는가. 머리에 쓴 것은 비단 모자가 아니고 파리대가리라, 입은 것은 관복이 아니고 관원이 입는, 깃을 둥글게 만든 하급 옷일세. 그대, 그놈의 속임수에 빠져 값을 허비하니, 불쌍타. 시골 백

---

* 동(同) 1동은 50필.

성이 예사 저렇듯 하는구나."

하고, 더욱더 업신여겼다.

내가 짐짓 말하기를,

"그러면 서리와 관원이 다른가유?"

"심하다, 그대 사리에 어두운 어리석은 시골 무지렁이여! 그대는 금
곡리에서 조정에서 일하는 신하의 모습과 성에 둘러싸인 시내의 거
리를 보지 못했군. 그대가 있는 데서 관아가 얼마나 되는가?"

내가 대답하기를,

"알지는 못하지만, 들으니 새벽에 가면 낮에 온다 하더먼유."

손님이 말하기를,

"백성이 다 같이 우러러보고 존경하는 사람은 뉘 있느냐?"

내가 대답하기를,

"서원*과 아전*이지유."

손님이 또 묻기를

"또, 이보다 더 높은 사람이 있느냐?"

대답하기를,

"목사이 있지유. 그런데 영감은 한 읍의 왕인데, 어찌 감히 아전 향소
와 같이 말하겠슈?"

손님이 말하기를,

"고을 영감은 서울 관원이요, 고을 아전은 서울 서리니, 서리는 진실
로 양반이 아닐세. 그대, 양반이란 말을 아는가?"

내가 대답하기를,

"알지 못하지라우."

손님이 말하기를,

---

* 서원(書員) 조선 때, 서리(書吏)가 없는 관아에 둔 벼슬아치.
* 아전(衙前) 중앙과 지방 관아에 속하여 말단의 행정 실무에 종사하던 구실아치.

"벼슬에는 문반인 동반과 무반인 서반이 있네. 이 벼슬에 끼는 이라야 양반이요, 김승 같은 이는 양반이 아닐세."

내가 짐짓 말하기를,

"나는 시골 사람이라 관원이나 서리를 분별치 못하고, 관원의 옷이나 파리대가리를 몰라서 벼슬아치가 입는 공복이나 비단 사모인 줄 알고 잘못 사귀어 왔구나."

하고, 통분해하고 또 통분해하면서 여러 번이나 개탄했다.

그러자 손님이 말하기를,

"어찌 탄식하는가. 값을 허비한 것을 한탄하는가?"

내가 대답하기를,

"값이 어찌 관계 있겠시유. 다만 김승은 서리요, 나는 양반이거늘, 김승이 전날 내 이름 대신 자로 부르던 일을 생각하면 어찌 분하지 않겠슈. 어르신을 못 만났던들 길이 큰 욕을 당할 뻔했구면유. 어르신의 덕이 적지 않아유."

손님이 웃으면서 또 묻기를,

"그대는 시골의 어느 양반인가?"

내가 대답하기를,

"상등 양반이지라우."

손님이 말하기를,

"상등 양반이면 어찌 친족이 군역에 끌려갔는가?"

내가 대답하기를,

"상감도 이잣돈을 꾸어 쓰는 친척이 있다 하는데, 어찌 족히 이상하당가요?"

손님이 웃으면서 말하기를,

"그대 말이 옳다."

하고, 또 묻기를,

"그대의 향중(鄕中)에 다른 양반이 뉘 있는가?"

내가 대답하기를,

"북쪽 이웃 마을의 예 좌수와 동쪽 이웃 마을의 모 별감이 있지유."

손님이 말하기를,

"그들도 또한 상등 양반인가?"

내가 대답하기를,

"이 양반들도 우리 양반과 마찬가지지만, 위세와 권력은 가히 비교할 바가 아니지라우. 예 좌수가 미천했을 적에 그 안사람이 나물밭을 매고, 그 아들이 소 먹이고, 여름이면 삽을 메고 물가에 가서는 양반을 자랑하여 물고를 트고 자기 논에 물을 대고 했지라우. 겨울이면 베를 옆구리에 끼고 장터에 가서 상놈과 함께 술을 마시고, 권농이 와서 인사를 하면 고개 숙여 말하며, 서원이 와서 절하면 갓을 숙이고, 마을에 있을 적에는 보통 사람이었시유. 그런데 하루 아침에 별감이 되고, 얼마 안 가서 좌수에 오르니, 나가면 높고 중요한 자리에 앉고, 관리가 뜰 앞에 와서 절하여 인사하고, 들어오면 영감을 마중하여 통인*이 와서 섬돌 앞에 모셨으니, 전날 싸라기죽을 먹다가 오늘날엔 쌀밥을 먹으며, 전날에는 걸어다니다가 이제는 살진 말을 타지유. 기생이 모시고 자고, 패두*가 문을 지키고, 기쁘면 곡식을 더 꾸어 주고, 노하면 매 맞고, 손님이 오면 술을 부으며, 입이 마르면 차를 올리고, 전날 같이 사귀던 벗과 눈흘겨보던 상놈이 앞에 와서 엎드려 두려워하며, 위풍이 고을 일대에 진동하고, 선물 들여오는 것이 줄을 이었지유. 이것이 대장부의 사업이 아닌가유. 한때, 나라에서 꾸어 주는 곡식을 나눠 주려고 고을의 곡식 창고에 갔을 적에, 내가 나라에서 꾸어 주는 곡식을 얻으려고 예 좌수를 찾아가 보니, 나에게 술

---

* 통인(通引) 관아의 하인.
* 패두(牌頭) 사령의 우두머리.

석 잔을 먹이니, 기특하기도 하지유. 예 좌수는."

하고 칭찬하는데 손님이 웃으면서 가로되,

　"이야말로 상등 양반이로다."

하고, 말했다.

　이윽고 진지를 잡수라고 아뢰기에, 내가 짐짓,

　"솔가지에 불을 켜서 올려라."

하자, 손님이 말하기를,

　"상등 양반이라면서 초를 가져오지 않았는가?"

하기에, 내가 대답하기를,

　"진실로 가져왔으되 어제 다 닳았시유."

　손님이 말하기를,

　"솔불은 매워서 괴로우니, 내 행장 속의 초를 내어 켜라."

하기에 밀랍으로 만들어진 초를 밝히니 불빛이 황홀했다.

　내가 길을 나선 지 오래 되었는지라, 행색이 초췌하고, 집에서 가지고 나온 반찬을 내놓으니, 가루된장과 청어 반 꼬리였다.

　젓가락을 들어 장차 먹으려고 둘러보면서 부끄러워하는 척하자, 손님이 보고 빙그레 웃으면서 말하기를,

　"상등 양반의 반찬이 좋지 않도다."

　내가 가로되,

　"시골 양반이 비록 상등 양반이나, 어찌 감히 성 안의 벼슬을 하는 집안의 사람에게 비기겠슈."

　손님이 내 말을 옳게 여겼다.

　밥 먹기를 반은 했을 때, 내가 짐짓 종을 불러 가로되,

　"물 가져와라."

하자, 손님이 말하기를,

　"그대에게 상등 양반의 밥 먹는 법을 가르쳐 주겠다. 종이 진실로 고

하거든 '올리라' 하지 말고 '들이라' 하고, 숭늉을 먹으려 하거든
'가져와라' 하지 말고 '진지하라'고 하는 걸세."

내가 대답하기를,

"어르신의 말씀이 지당하시니, 이로부터 배웠구면유."

손님이 가로되,

"그대, 나이 몇이며, 장가 들었는가?"

내가 대답하기를,

"나이는 스물아홉 살, 장가는 못 들었슈."

손님이 말하기를,

"그대, 상등 양반이라면서 지금까지 장가를 못 들었는가?"

내가 탄식하면서 말하기를,

"상등 양반이긴 하지만 장가들기가 어려워, 제가 구하는 데는 내가
즐기지 않고, 내가 구하는 데는 제가 즐기지 않으니, 좋은 바람이 불
지 않아서 지금까지 나 같은 사람을 만나지 못했구면유."

손님이 말하기를,

"그대, 몸이 단단하여 자라지 못한 듯하고, 턱이 판판하여 수염이 없
으니, 장래 장가들 데 없겠는가?"

내가 대답하기를,

"어르신은 웃지 마슈. 옛날에 이르기를, 불효 중에서 대를 이어 갈 자
식이 없는 것이 크다 했는데, 삼십에 장가를 못 갔으니, 어찌 민망하
지 않겠시유."

손님이 말하기를,

"예 좌수, 모 별감 집에 구혼 못 하는가."

내가 대답하기를,

"이것이 이른바 내가 구혼하는데, 제가 즐겨하지 않는 데구면유."

손님이 말하기를,

"그대의 얼굴이 단정하고 말씀이 민첩하여 헛되이 늙지 않으리니, 예가, 모가 들이 혼인을 허락하지 않겠는가. 내, 그대를 위하여 다른 데 아름다운 배필을 구하겠네."

내가 거짓으로 곧이듣는 체하고 기뻐하는 표정을 짓고 대답하기를,

"그지없이 고맙구먼유. 아니, 어르신 집안에 아기씨 있시유?"

손님이 대답치 않고 혼자 중얼거리기를,

"어린 것이 하릴없다. 희롱을 하다가 욕을 보았구나."

하고, 말하기를,

"내 집안에는 아기씨 없으니, 다른 데 구하여 보겠네."

내가 짐짓 감사해하면서 말하기를,

"덕분이 가이없구먼유."

손님이 말하기를,

"그대, 비록 상투를 틀고 갓을 쓰긴 했으되, 장가를 못 갔으면 이는 늙은 도령일세."

하고, 그 다음부터는 늙은 도령이라 부르기도 하고 그대라 부르기도 했다. 손님이 말을 않고 있을 때면, 이따금 혼자서 글을 읊되, '애강남', '익주부자묘비'와 고부(古賦), 고시(古詩)를 읊기에, 내가 모르는 체하고 묻기를,

"어르신의 읽으시는 글이 무슨 글인가유?"

손님이 대답하기를,

"이는 풍월이니라."

또 말하기를,

"그대 형상을 보니 반드시 활을 쏘지 못할 것인데, 글은 능히 하는가."

내가 대답하여 말하기를,

"문자는 배우지 못하고 글(언문 곧 국문)은 잠깐 배웠으되, 다만 열다섯 줄 중의 둘째 줄 같은 줄이 외우기 어렵더구먼유."

손님이 말하기를,

"이는 언문이라. 진서*에 이 같은 글줄이 있겠는가?"

내가 대답하기를,

"우리 시골에서는 언문을 하는 이도 적으니 진서를 어찌 바라겠시유. 진실로 진서를 하면 거룩하기를 어찌 다 측량하겠슈. 우리 시골에서는 한 사람이 천자를 읽어, 서원이 되어 재물을 모아 부자가 된 것으로 유명하고, 또 한 사람은 〈사략〉*을 읽어 향교에 다니는 학생이 되어 과거에 출입하지라우. 공사에 관한 문서를 쓰기를 나는 듯이 하기에 선물이 구름 모이듯 하고, 집안 살림이 기특하니, 이런 장한 일은 사람마다 못 하지라우. 우리 금곡리에도 김 호수*는 언문을 잘하여 세금을 마련하고, 옛날 이야기책을 널리 읽었기로 호수를 한 지 십여 년에 집안 실림이 넉넉해지고, 그의 이름이 빛났지라우. 사나이가 되어 비록 진서는 못 할망정 언문이나 잘하면 족히 한 마을에서는 활개를 펴고 다닐 거구먼유."

손님이 말하기를,

"그대, 그러면 호수를 하고자 하는가?"

내가 대답하기를,

"호수도 상사람이 해야 할 일이니, 세금을 마련하는 데 쓰고자 하는 구먼유."

손님이 한숨을 짓고 탄식하면서 말하기를,

"사람이 어찌 서울과 시골이 다르리요마는, 서울 사람은 진서를 못 하는 사람이 없고, 시골 사람은 언문도 못 하는도다. 글을 못 하면 어찌 사람이라 하겠는가?"

---

* 진서(眞書) 우리 글을 '언문'이라 낮춘 데 대하여, '한문'을 높여 이르던 말.
* 〈사략(史略)〉 송(宋)나라 증선지(曾先之)가 지은 〈십팔사략(十八史略)〉.
* 호수(戶首) 다섯 집을 한데 묶은 그 우두머리.

내가 대답하기를,

"나도 글을 못 해도 남이 사람이라 하니, 어찌 반드시 글을 한 후라야 사람이라 하겠나유."

손님이 말하기를,

"사람인들 한두 가지가 아니라. 옛 사람이 공부자(孔夫子)라고 한 이가 있나니, 그대 들었는가?"

내가 대답하기를,

"듣지 못하였구면유."

또 묻기를,

"고을 향교의 제사를 누구에게 지내느뇨?"

내가 대답하기를,

"공자께 하지라우."

손님이 웃으면서 말하기를,

"공부자를 공자라 이름이니라."

내가 대답하기를,

"시골 사람이 무식한지라, 다만 공자는 있고, 공부자라는 말은 듣지 못했구면유."

손님이 크게 웃고 말하기를,

"네, 도척*이란 사람을 들었는가?"

내가 대답하기를,

"들었구면유."

손님이 말하기를,

"도척과 공자 중 누가 어진고?"

내가 대답하기를,

---

* 도척 중국 춘추 시대의 큰 도둑.

"공자는 성인이요, 도척은 나쁜 사람이구먼유."

손님이 말하기를,

"진실로 옳도다. 푸른 하늘과 밝은 해는 종놈도 그 밝은 줄을 알고, 황혼은 금수도 어두운 줄을 아느니, 공자와 도척은 하늘과 땅처럼 같지 않으니, 어찌 모르겠는가. 슬프다, 글을 하는 사람은 성인이요, 글을 못 하는 이는 금수와 같도다."

하기에, 내가 대답하기를,

"어르신은 글을 하시니 진실로 성인이시요, 나는 언문을 하니 금수는 면하겠구먼유."

손님이 웃으면서 말하기를,

"도척이라고 언문을 못 하랴."

하고, 혼자 말하여 가로되,

"그러나 말인즉 옳다."

하기에, 내가 그 말을 알아듣지 못하는 체하고, 거짓으로 말하기를,

"어르신께서 읽으시는 풍월이 무슨 말이에유?"

손님이 말하기를,

"그대, 풍월을 배우고 싶은가. 풍월이란 것이 다섯 자와 일곱 자를 모아서 하느니, 그대, 나와 풍월을 하여 서로 화답*하는 게 어떠한가?"

내가 크게 웃고 말하기를,

"진서를 못 하거든 어찌 풍월을 하겠시유?"

손님이 가로되,

"비록 진서를 못 하여도 육담*으로 하여도 풍월이니라."

내가 말하기를,

"비록 육담을 하기는 하되 다섯 자, 일곱 자를 모아서 하는가유?"

---

* **화답**(和答) 남의 시가를 듣거나 보고 거기에 맞추어 대답함.
* **육담**(肉談) 보통 말. 품격이 낮은 말.

손님이 가로되,

"말솜씨가 아주 좋아서 육담 풍월을 잘할 것이니, 시험코자 하노라."

내가 굳이 사양하면서 말하기를,

"풍월은 내가 할 일이 아니니, 어르신께서 혼자 하소서."

손님이 말하기를,

"내가 먼저 짓거든 그대는 배워서 지으라."

하고, 한 글귀를 읊어 말하기를,

　내가 시골뜨기를 대하고 보니,
　몸 가지기를 아주 괴상하게 하는도다.

내가 그 구절의 뜻풀이를 듣고 거짓으로 노하여 가로되,

"어르신께서는 나를 기롱함이로다."

손님이 말하기를,

"시골 사람이 그대뿐이 아니고, 시골 사람 중 이런 이를 많이 보아서 한 말이지, 그대를 기롱함이 아니라, 그대 같은 이는 아주 쉽지 않으니라."

내가 기뻐하자, 손님이 또 한 글귀를 지어 말하기를,

　언문 쓸 줄도 모르거든
　어찌 진서 못 함이 이상하리요.

그리고는 나더러 화답하라 시키기에 내가 두어 번 사양하자, 거짓으로 노하다가 얼굴 표정을 고쳐 웃으면서 말하기를,

"내가 이미 먼저 지었거든, 그대 끝내 화답하지 않는 건 나를 업신여기는 짓이라. 어찌 그대를 몰아내지 못하리요."

내가 대답하여 말하기를,

"내치면 내치려니와, 어찌 사람에게 위협하기를 어린아이처럼 하시유. 내가 비록 시골 사람이요 글자를 못 하나, 저렇듯 위협하는 말은 조금도 두려워하지 않소."

손님이 웃고 말하기를,

"그대는 가히 당돌타 하리로다. 내가 희롱함이라."

하고, 한 구절 화답하기를 청하기에 내가 즉시 한 구절을 지어 읊었으니, 이러했다.

　　내가 서울 사람을 대하고 보니,
　　과연 거동이 되*도다.

손님이 듣고 놀라더니, 일어나 앉아 내 손을 잡고 나를 익히 바라보면서 말하기를,

"불쌍타, 그 사이 사람을 어찌 이렇듯 속이는가. 존형의 교묘하고 간사한 꾀에 빠져 이렇듯 부끄러움을 모르다니! 평생에 어리석은 기질이 있어, 길에 나서서 이렇듯 한 적이 많았으되, 한 번도 탄로난 적이 없었는데, 이제 존형을 만나 이렇듯 부끄러움을 당하니, 내 탓이오. 어찌 존형이 나를 욕함이 이렇듯 심한가?"

내가 웃고 말하기를,

"서울 사람이 존형뿐 아니라, 이런 사람을 많이 보았을 것이기에 한 말이요, 존형을 두고 한 말이 아니라. 존형 같은 이는 진실로 쉽지 않은 이라."

손님이 말하기를,

"이 말은 내가 처음에 하던 말이라. 어찌 이 말로 대답하기를 속히 하

* 되　오랑캐.

는가?"

내가 말하기를,

"옛말에 '네게서 나온 말이 네게로 돌아온다.' 하니, 이 말을 그대는 듣지 못하였는가?"

내가 노상 어르신이라 일컫다가 홀연히 그대라 이르니, 손님이 빙긋이 웃으면서 말하기를,

"행차는 어디 가고 그대라 하느뇨?"

내가 대답하기를,

"늙은 도령은 어디 가고 그대라 하는고?"

손님이 말하기를,

"늙은 도령이란 말을 듣기 좋아하는가."

내가 대답하기를,

"늙은 도령을 위해서 혼인 거드는 일을 속이지 말라. 내, 본디 존형의 문중의 아기씨께 장가들리라."

손님이 크게 웃으면서 말하기를,

"내 문중에 아기씨가 있은들 예 좌수, 모 별감도 안 하는 혼인을 어찌하리요?"

그리고는 나를 보면서 웃고 말하기를,

"존형의 교묘하고 간사스러운 속임수가 예측할 수 없도다. 내가 처음에 마소 들이라는 말을 듣고 잠깐 업신여기고, 두 번째 김승이 그대를 자로 불렀다는 말을 듣고 더욱 더 업신여기고, 마침내 문자는 모른다는 말을 듣고 아주 거만하게 업신여겼더니, 그대가 글을 잘하면서 못 한다고 하여 나를 속인 것은 속였거니와 간사하기를 면하지 못할 걸세."

내가 말하기를,

"병법을 보지 못했는가? 병법에 이르기를, '모진 새가 장차 치려고

할 때는 그 발톱은 감추고, 모진 범이 장차 뛰려고 할 때는 그 몸을 움츠린다.'고 했소. 처음에 그대께 절할 때 너무 남을 업신여김을 알고서, 내가 장차 그 어리석은 기질과 교만한 뜻을 속이려 했기에 내 마지못하여 발톱을 감추고 몸을 움츠렸던 것인데, 어찌 간사하다 하겠소. 옛날에 양화*가 속임수로 대답하는 말을 듣고 공자도 속임수로 대답하시고, 양혜왕*이 정성을 들이지 않는 것을 보고, 맹자는 병이 났다고 핑계를 대셨으니, 공자와 맹자도 간사하다고 할 수 있겠소?"

손님이 가로되,

"그대가 이렇듯 말할 줄은 알지 못했네."

하고는, 글귀를 마저 짓자고 청하기에 내가 금시 한 구절을 지어 읊기를,

대저 인물을 빌렸더니,
옷과 관을 꾸몄음에 지나지 않는구나.

손님이 말하기를,

"그대에게 속은 것이 심한데, 어찌 부끄럽지 않겠는가?"

그리하여 둘이서 지은 글의 글자 하나하나를 읽어 보고 말하기를,

"그대의 글에 쓰인 글자 하나하나가 내 글에서 나왔으니 항복하겠네, 어찌 첫째 운자는 낮고, 둘째 운자는 높은가?"

내가 대답하기를,

"그대의 글과 같이 하노라고 둘째 운을 일부러 높였는데, 그대의 둘째 운이 또한 높지 않은가?"

손님이 깨닫고 놀라면서 말하기를,

"과연 옳은 말이로다. 그대의 재주는 당하기 어려워서 한 마디 한 마

---

* 양화(陽貨) 공자 시대 노(魯)나라의 정치가 양호(陽虎)의 자.
* 양혜왕(梁惠王) 맹자가 왕도(王道)를 실(說)하매, 거리가 멀다 하여 쓰지 않았음.

디 다 속으니 부끄럽기 비할 데 없네그려. 밤인 탓으로 그대를 몰라 보았거니와, 낮 같으면 어찌 몰라봤겠는가?"

그리하여 성명을 묻기에 내가 사양하면서 말하기를,

"시골 사람이 어찌 먼저 말하겠소. 서울 손님이 먼저 말하시오."

하자, 손님이 말하지 않고 다만,

"회현방* 골에 있노라."

하고, 말했다.

대개, 속은 것을 부끄럽게 여기고 성명이 널리 소문나는 것을 싫어한 까닭이었다.

손님이 말하기를,

"그대의 교묘한 속임수가 진실로 어려운지라, 비록 재주가 대단한 사람이라 할지라도 속지 않기가 어렵도다."

내가 대답하여 말하기를,

"대단한 재주가 있는 사람은 그대 같은 형상을 하지 않을 것이오. 내가 비록 시골 사람이긴 하나, 옻칠을 한 검은 갓을 쓰고 있고 베옷을 입고 있었거늘, 처음에 내 인사에 대한 답례를 아니 하니, 양반이 어찌 그런단 말이오?"

손님이 말하기를,

"그런 말 다시는 하지 말게. 우습고 부끄럽다."

그리하여 술과 안주를 들여왔는데, 술병은 놋쇠 술통이요, 잔은 앵무새 모양으로 된 잔이었다. 다시 서로 석 잔씩 마시고 안주를 씹으면서 누워 있었는데, 손님이 말하기를,

"그대의 재주를 알았으니, 이젠 진서 풍월로 화답하는 게 좋을 듯하이."

하고, 읊기를,

✱ 회현방(會賢坊) 지금의 서울 회현동.

촉주의 한가가 위가가 되었음을 알지 못하니,
위나라 사신이 어찌 범가가 장가인 줄 알리요.
예부터 어진 사람도 속은 이가 많으니,
오늘날 그대에게 속음을 보나 비웃지 말라.

내가 즉시 화답하기를,

말미암아 옴을 주리던 상인(常人)이 제나라 왕이 되고,
나중에 밭 갈던 상민이 대초(大楚)의 장수가 되었나니,
부귀를 가지고 가난한 선비를 업신여기지 말라.
사람이 교만하다가 속임을 보지 않을 이 없느니라.

손님이 말하기를,
"잘 되었다. 청컨대, 연구*를 지어 재주를 겨뤄 보세."
내가 허락하고 먼저 읊기를,

여관에서 만나 여관에서 헤어지니,
옛사람의 마음은 옛사람이 알리라.

손님이 읊기를,

다른 때 반드시 오늘 밤을 생각하겠는가 않겠는가.
밝은 달은 환하게 비치어 여기 있도다.

---

* 연구(聯句) 한시에서의 대구(對句)를 이름.

손님이 청하여 말하기를,
"청컨대 사운을 짓자."
하고, 먼저 읊어 짓기를,

잘새가 처음으로 고원 가를 날 때,
우연히 잠깐 만나니 아름다운 인연이로다.

버들을 다니는 노란 꾀꼬리는 봄이 저문 후요,
술동이에 가득한 술은 달 밝기 전이로다.

남쪽의 숨은 선비는 보배를 감추고 있으니,
서울의 용렬한 나그네는 대롱 구멍으로 하늘을 보는도다.

지은 글귀는 뒀다가 다음날 면목을 삼으리니,
어찌 반드시 성명을 전하리오.

내가 화답하기를,

맑은 바람 밝은 달, 다함없는 흥취,
이 땅에서 서로 만남이 정말로 인연이로다.

천금을 허락함은 사귄 후의 일이고,
청사(靑史)에 남을 공명은 늙기 전의 일이도다.

＊ 사운(四韻) 한시에서 네 개의 각운(脚韻)으로 된 8행시.

슬픔과 즐거움은 그대가 능히 술에 부쳤거늘,
궁함과 통함은 내 스스로 하늘에서 듣자 왔노라.

어린아이로 하여금 사마를 알게 할지니,
어찌 오늘날 성명 전하기를 꺼리리요.

내가 또 말하기를,
"청컨대 육언을 지어 화답하리라."
하고, 읊조리기를,

서울 가는 녹수길은 그대 있는 곳이요,
강호의 푸른 산은 내 집이로다.

크게 취하여 노래부르기를 넓고 크게 하니,
망망한 우주는 얼마나 되리.

손님이 이어서 읊기를,

좋은 밤 밝은 달은 천리에 비쳐 있고,
아름다운 경치와 복숭아꽃은 일만 집에 피어 있도다.

술동이 놓고 문장을 논함을 다하지 못하니
내일 아침 이별하는 마음이 어떠하뇨.

내가 웃으면서 말하기를,
"청컨대 삼오칠언으로 화답하겠소."

하고, 읊조리기를,

　　손에는 술잔이 머무르고,
　　입으로는 시를 읊조리는도다.

　　꽃은 바람 앞의 눈을 보내거늘,
　　버들은 비 온 뒤의 실을 흔드는도다.

　　요로원에서 요로의 손님을 만나니,
　　서울 사람이 서울로 가는도다.

손님이 화답하여 읊기를,

　　그대는 술잔을 머물러 두고,
　　내 시를 들으라.

　　오늘은 얼굴이 옥 같지만,
　　내일 아침엔 귀 밑에 실이 가득하리라.

　　홀연히 지나는 시간이 정말 나그네이리니,
　　모름지기 놀음놀이는 소년 적에 하리로다.

내가 말하기를,
"그대의 재주는 진실로 기특하오. 나 같은 용렬한 재주로는 감히 바라지 못하겠소."
손님이 말하기를,

"너무 겸양하지 말라. 내가 아잇적부터 글재주가 민첩하다고 스스로 인정하여, 비록 옛날 사람이라도 항복할 뜻이 적었는데, 이제 그대의 재주를 보고 항복하노라."

하였다.

손님이 온갖 방법으로 나를 이기려고 하다가 마침내 능하지 못함을 알았다.

그러자 이번에는 공교로운 글귀를 지어 겨루자고 하기에 내가 그러자고 허락했다.

손님이 먼저 읊기를,

전에는 어찌 어두워 그대의 거짓 꾀에 빠졌던고.
먼 뜻은 소견이 천박한 자의 알 바가 아니로다.

내가 대답하여 읊기를,

크게 쓰이어 마침내 모름지기 슬기를 더하고,
또한 마땅히 돌아가 음부경을 읽으라.

손님이 가로되,
"잘 되었도다! 믿기 어려운 재주로다."

나도 또한 말하기를,
"아름답다. 허나 이것도 또한 별것이 아니니, 청컨대 연구(聯句)를 짓되, 위로 첫자로 나무목(木) 자를 쓰고, 아랫자로 흙토(土) 자를 쓰고, 둘째 구 첫 자로 물수(水) 자를 쓰고, 아랫자로 불화(火) 자를 쓰고, 상하 연구 사이에 쇠금(金) 자를 넣어 오행시를 지어 화답하는 게 어떠하오?"

손님이 웃고 말하기를,

"쉽지 않은 일이다. 허나 그대가 만일 지어 내면 내가 어찌 사양하겠는가?"

내가 바로 한 짝을 지어 읊기를,

부평초의 자취는 어디에 이르렀는고.

손님이 읊었다.

꽃과 달이 빈 당에 가득하도다.

손님이 이어 읊었다.

흐르는 그림자 황금 술통에 비쳤도다.

손님이 말하기를,

"여러 번 대답이 어려우니, 아무 거나 이르라."

하기에, 내가 대답하기를,

멀건히 흰 것을 마시는도다.

손님이 혀를 내두르고 웃고는, 크게 찬탄하여 말하기를,

"진실로 그대 같은 재주를 지닌 사람은 만나기가 쉽지 않으리라."

그리고는 글짓기를 마치고 촛불을 낮추고 서로 회포를 푸는데, 손님이 말하기를,

"그대 같은 재주로 지금 초라한 행색을 하고 있으니, 어찌 이상하지

않은가. 과거를 몇 번이나 보았는가."

내가 대답하기를,

"과거 공부를 하기가 심히 괴로운 일이외다. 일찍이 한 번 동당의 장원을 하고, 두 번 감시의 장원을 하고, 세 번 증광시의 초시를 했으되 회시에서 잇따라 낙방했소. 그러니 향시는 쉽고 경시는 어려운 것 같소."

손님이 탄식하여 말하기를,

"그렇지 않노라. 그대 같은 재주를 오히려 떨어뜨리니 어찌 괴이치 않겠는가. 슬프다, 지금 과거는 사사로운 정이 심하여 공정하지 않으니, 벼슬 경력이 많은 집안의 아들은 과거를 하고, 시골 선비는 모두다 떨어지니 말일세. 그렇지 않으면 그대 재주로 어찌 초라하게 살겠는가! 대과는 힘으로 못 하겠지만, 소과는 어찌 못 하겠는가."

내가 대답하기를,

"소과는 겨우 했소."

손님이 말하기를,

"틀림없이 정사방*에 했겠지. 그 때, 시골 사람이 많이 했었지. 갑인년부터 과거에 사사로운 정이 있어서, 권세 있는 집안의 아들은 글자를 못 하여도 나이 열다섯이 차면 누구나 다 했었지. 그러니 씨로 쓸만한, 과거에 급제하지 못한 선비도 없더니, 정사년에는 권세 있는 집안의 아들 중에서 감시를 본 사람이 적어서 시골 유생이 많이 했느니라."

내가 말하기를,

"과연 정사년에 급제했거니와, 그대는 어느 과거에 급제하였소?"

손님이 말하기를,

---

* 정사방(丁巳榜) 조선 숙종 3년(1677)의 사마방(司馬榜).

"즉위 증광*에 했노라."

내가 웃으면서 말하기를,

"그대는 정사년 이전의 일에 대해 시비를 크게 하니, 진실로 한 가지로 목욕하며 옷 벗은 자를 기롱한 것이오."

손님이 말하기를,

"그러나 하나둘이야 공정하게 급제한 이가 없으랴."

또 묻기를,

"그대, 아들이 없는가."

내가 대답하기를,

"비록 두기는 했으나 어리고, 형님의 아들이 겨우 육칠 세 되었소."

손님이 말하기를,

"셈하기와 방위는 가르쳤는가?"

내가 대답하기를,

"셈하기는 가르쳤으나 방위는 가르치고자 하지 않소."

손님이 말하기를,

"어찌 이름인고?"

내가 대답하기를,

"지금 세상에 동서 남북 알기*를 심하게 하니, 아이들에게 가르치지 않아도 세상을 좇아 배울까 두려워서 그랬소."

손님이 웃으면서 말하기를,

"옛날, 당나라 문종이 다른 당파에 대한 논란을 벌이는 일이 심한 것을 싫어하여, 하북의 도적에 비유하기도 했었지. 만일 사람마다 자식 가르치기를 그대처럼 한다면 당파 싸움이 어찌 있겠는가?"

또 말하기를,

---

* 즉위 증광(卽位增廣) 조선 숙종 즉위년에 치른 증광시(增廣試).
* 동서남북 알기 당론(黨論) 알기.

"붕당의 폐해야 어찌 말할 것이 있으리요. 옛날, 우승유와 이덕유의 우·이 당쟁에 한퇴지만이 홀로 들지 아니하고, 낙양 사람인 정이천을 따르던 제자들과 촉 지방 사람인 소동파를 따르던 제자들 사이에 배척 행위가 심했을 때, 정이천이 대현이로되 지탄받음을 면치 못했었지. 한퇴지의 도덕 학문이 정이천과 비교하지 못할 것이지만, 한퇴지는 붕당에 들지 아니하고, 정이천은 시비를 면치 못했었으니, 내가 이상하게 여기노라. 허나 이는 정이천의 제자들이 한 일이니, 붕당의 폐해가 심하지 않겠는가?"

또 묻기를,

"지금 조정에서 벌어지고 있는 청론 탁론이 어찌 될꼬?"

내가 대답하기를,

"나는 시골 사람이라 어찌 요즘 세상의 일을 알겠소. 다만 천박한 의견으로 말할 것 같으면, 탁론이 권세에 빌붙어 따르는 부류요, 청론은 명예와 절의를 돌아보는 부류이오. 그러니 청류는 물러가기 쉽고, 탁류는 물러가기 어렵소. 속히 물러가는 부류는 지은 죄가 깊지 아니하고, 물러가기 어려운 부류는 반드시 죄가 심해진 후에 그만두고 말 것이오. 이로 말미암아 보건대, 탁류의 폐해는 이기지 못할 것이오."

이 때, 손님은 말하기를,

"요즘 상황이 진실로 그러하다."

하고, 또 말하기를,

"그대, 시골서 집안 살림이 가난한가. 어찌 의복이 허름하고 안장 없은 말이 피곤해 뵈는가?"

내가 대답하기를,

"그러하다. 자운(子雲)의 가난을 쫓아도 다시 오고, 퇴지(退之)의 궁을 몰아 버려도 다시 옵디다."

손님이 웃으면서 말하기를,

"그대는 반드시 인의를 좋게 여기다가 길이 빈천하게 살 것이로다. 사나이가 되어 세상에 나아가 가히 세 가지를 행할 만한 일이 있네. 글을 읽고 진리를 연구하여 세상의 이름난 선비가 되는 일이 제일이요, 과거에 급제하여 벼슬하고 부모를 효성스럽게 봉양함이 둘째요, 그렇지 못할진대 차라리 집을 다스려 농업을 힘써 하며, 의복과 음식을 좋게 하며, 위로 부모를 잘 모시고 아래로 처자를 부양하는 일이 또한 마땅치 않겠는가? 마음을 과거 공부에만 오로지 쏟아 생계를 버리는 일이 좋은 일은 아니로다. 허노재*의 말을 빌려 말하면, 학문을 하려고 할진대, '마땅히 이익이 생기는 것을 다스릴 일이다. 이익이 생기는 것이 부족하면 학문하는 데 방해가 된다.'고 했으니, 어찌 옳은 말이 아니겠는가?"

내가 대답하여 말하기를,

"그대의 말이 옳소. 그 뜻을 생각컨대, 태사공*이 부와 이를 기롱한 것을 면치 못할 것이오. 옛날, 근재지*도 말하기를, '도덕에 뜻을 두면 공명이 족히 그 마음을 더럽히지 못하고, 부귀에 뜻을 두면 또 아니 할 일이 없다.'고 했소. 사람은 마땅히 이런 말로써 법을 삼아야 하오. 이른바 글을 읽어 이치를 연구하는 것이 세상 사람의 이학이 아닌가?"

손님이 말하기를,

"그렇다."

내가 가로되,

"이학은 반드시 팔짱 지르고 꿇어앉기를 일삼는데, 그 뜻이 무엇이오. 이렇게 하지 않으면 학문을 못 하는 것인가. 이학에는 공자 같은

---

* 허노재(許魯齋) 중국 원(元)나라의 학자 허형(許衡)의 호.
* 태사공(太史公) 중국 전한(前漢)의 역사가 사마천(司馬遷)을 가리킴.
* 근재지 중국 송(宋)나라 때의 학자.

이가 없지만, 공자님이 팔짱 지르고 꿇어앉으셨다는 말을 듣지 못했소."

손님이 말하기를,

"이학을 할 때에는 마음을 잡는 일이 가장 중요한 공부일세. 잡으면 들어오고 놓으면 나가니, 진실로 마음 잡지 못하여 제멋대로 놀기에 이르면 금수가 될 날이 멀지 않을 것일세. 그러므로 학자는 반드시 팔짱 지르고 꿇어앉아 그 마음이 온전하기를 구하라 하는데, 마음이 잡힌 후라야 덕이 있는 법이니, 그대 말이 그르다. 옛날에 원양*이 쭈그리고 앉아서 공자가 다가오기를 기다렸다가 공자님에게 막대기로 정강이를 얻어맞았으니, 공자님이 팔짱 지르고 무릎 여미시던 것을 이에 가히 알 수 있을 걸세."

하기에, 내가 웃고 말하기를,

"옛날에 정 선생이 노상 사람이 정좌하고 있는 것을 보시고, 그가 학문을 잘한다고 하셨지요. 내가 잠깐 옛글을 읽었기 때문에 어찌 학문하는 분의 무릎 여미시던 것이 귀한 줄 모르겠소. 옛날부터 거짓으로 겉모습을 꾸며 헛된 이름을 도둑질하는 자가 많았소. 강초의 호탕과 종남의 방탕함이 마침내 비웃음을 면치 못했었소."

손님이 말하기를,

"그대의 말이 대개 격분함에서 나왔도다."

했다.

이윽고 손님의 말이 고삐를 풀고 나와 요란을 떨자, 손님이 급히 성을 내어 종을 보고 꾸짖기를,

"어찌 말을 놓아 이렇게 요란을 떠느냐. 혼날 줄 알라."

하기에, 내가 말하기를,

---

* 원양(原壤) 공자의 오래 사귄 친구.

"말이 서로 다투어 싸우기가 예사거늘, 어찌 노하기를 급히 하시오."

손님이 한참 후에야 말하기를,

"이것은 진실로 나의 병통이라. 고치고자 하나 능히 못 고치노라."

내가 대답하기를,

"고치기 어렵지 않소. 내가 소싯적에 성미가 급하여 고치고자 하나 갑자기 못 고쳤는데, 하루 아침에 문득 깨달으니, 어렵지 않았소. 마음이 화가 날 때 참을 인자(忍)를 생각하면 화났던 마음이 저절로 없어졌소. 이로 말미암아 아홉 가지 생각나는 글자를 써서 항상 눈으로 보고 외웠소이다."

손님이 말하기를,

"아홉 가지 글자는 무슨 글자인고."

내가 대답하기를,

"사곡한 마음이 나려고 하거든 문득 바를 정자(正)를 생각하면 마음이 비뚫어지고 편벽된 데로 흐르지 아니하고, 오만한 마음이 나려고 하거든 공경 경자(敬)를 생각하면 오만하지 않게 되고, 나태한 마음이 나려고 하거든 부지런할 근자(勤)를 생각하면 나태해지지 않게 되고, 사치스러운 마음이 나려고 하거든 검박 검자(儉)를 생각하면 사치스러운 데 이르지 아니하고, 속이고 싶은 마음이 나려고 하거든 정성 성자(誠)를 생각하면 속이기에 이르지 아니하고, 이욕의 마음이 나려고 하거든 옳을 의자(義)를 생각하면 이욕에 이르지 아니하고, 말을 할 때 잠잠할 묵자(默)를 생각하면 실언을 하지 않게 되고, 기롱할 때 영걸 웅자(雄)를 생각하면 경솔하고 조급하기에 이르지 아니하고, 분노할 때 참을 인자(忍)를 생각하면 급한 행동을 하지 않게 되더라."

손님이 말하기를,

"그대의 아홉 가지 생각은 몸을 깊이 살핀다 하리로다. 그러나 그대,

여덟 가지는 잘 생각했으나, 한 가지는 생각지 못하도다.”

내가 묻기를,

“어찌 그런 말을 하시오.”

손님이 말하기를,

“그대, 나를 속일 때 홀로 정성 성자(誠)를 생각지 못했더냐?”

내가 크게 웃으면서 말하기를,

“그대, 나에게 속은 것이 원망스러워 잊지 못하는가?”

손님이 말하기를,

“그대, 어찌 나를 속이 옅은 사람이라 여기는가. 내가 어찌 족히 마음
속에 넣어 두겠는가. 옛날에 자산*이 연못을 관리하는 사람에게 물
고기를 주면서 연못에 넣어 기르라고 했더니, 그는 제가 먹어 버리
고, 그 물고기를 연못에 넣었더니 유연히 헤엄쳐 가더라고 공자에게
거짓말을 했었지. 그가 자산을 속인 것을 보니, 그렇게 하면 누가 속
지 않겠는가?”

서로 웃고 다 같이 자다가 일어나 보니 동방이 이미 밝아 있었다. 소
매를 서로 잡고 길을 나누어 떠날 때, 저도 내 성명을 모르고, 나도 제
성명을 몰랐다. 때는 무오년(숙종 4년, 1678) 여름 4월 초3일이었다.

도움말　과거에 실패한 선비가 귀향길에 충청도 아산 요로원 주막에서, 양반인 체
하며 유식을 자랑하는 인물을 상대로 주고받는 이야기로 당시(1678년 무렵) 사회의
실정을 폭로하고 정치 제도에 대한 불만을 토로하면서 세태를 풍자한 수필이다.

지은이　박두세(朴斗世, 1650 ~ 1733)
조선 효종 ~ 영조 때의 문신, 학자. 장편 수필 ‘요로원 야화기’로 이름을 떨쳤다.

＊**자산**(子産)　중국 춘추 시대 정(鄭)나라의 대부를 지낸 공손교(公孫僑)의 자. 외교로 적국의
침입을 막고 정도(正道)로 정치를 하였다.

이사심*에게 답함

송시열

　　답서가 뜻밖에 들어오자 아프던 눈이 씻은 듯이 통쾌하게 나았습니다. 소식 전한 뒤에도 기거가 더욱 평안하신지요? 바라고 우러르는 마음 간절합니다. 나는 고창 증세가 요사이 심해져 자못 살 맛이 없습니다. 다만 팔짱을 끼고서 천명을 기다릴 뿐인데 오직 형을 다시 보지 못하게 될 것이 길이 한스럽습니다.

　　성상께서 그리워하고 계신다는 것은 실로 대감의 말씀대로입니다. 그러나 진찰* 받드는 것을 부처의 은혜에 보답하는 것으로 이름하는 것은 혹시 회옹*의 교훈을 듣지 못해서 그런 것이 아니겠습니까? 반드시 힘을 펴는 것을 현명하게 여긴다면, 기축년(선조 22년, 1589) 9월~10월에 있었던 전감*이 멀지도 않거니와 비록 아홉 번 죽는다 할지라도 후회하지 않았을 것이니, 도리어 배를 거머쥐고 웃을 일입니다.

---

* **이사심**(李士深)　조선 때의 문신 이후원(李厚源)의 자. 인조 반정의 공신으로 우의정을 지냄.
* **진찰**(塵刹)　티끌 같은 세계.
* **회옹**(晦翁)　중국 송(宋)나라 때의 대유학자 주희(朱熹)의 호.
* **전감**(前鑑)　거울로 삼을 만한 이전 일을 뜻함.

그리고 내가 빨리 결정하지 못하고 머뭇거리는 것은 거취의 의리에 맞게 하려는 것인데, 지금 하신 말씀에, 사람들을 위해 폐단을 제거하는 일이라고 하였으니, 이는 참으로 이른바 나의 본의가 아닌 것입니다. 가령 올라간다 하더라도 권세 있는 가문에 쏘다니느라 다리가 피곤할 것인데, 어느 겨를에 세상 동태를 살피겠습니까? 참 우습습니다.

요사이 어떤 사람이 나에게 들러 형의 불운함이 사암* 상공과 똑같다고 했었는데, 이는 사실입니다. 알 수 없지만 배견와*를 어디다 지으렵니까? 포은* 노인의 이른바 '늦었도다' 란 것이 진실로 한탄스럽기만 합니다.

가까스로 병을 참고 억지로 쓰다 보니 말이 두서가 없습니다. 참작하여 보시기 바랍니다.

신묘년* 5월 16일

도움말 송시열이 이후원에게 보낸 답서. 송시열은 이 글에서 김자점(金自點) 일파에게 정계에서 물러난 일을 놓고 시비를 가리기보다 담담하게 받아들이면서 때를 기다리는 모습을 보이고 있다.

지은이 송시열(宋時烈, 1607 ~ 1689)
조선 때의 문신, 학자. 서인의 거두로 남인과 대립하고 후에는 노론의 영수로 활약하다가 숙종 15년(1689)에 사사(賜死)되었다. 저서로 〈우암집(尤庵集)〉 등이 있다.

* 사암(思菴) 박순(朴淳)의 호.
* 배견와(拜鵑窩) 박순이 벼슬을 떠난 뒤 영평의 백운산에 있으면서 배견와를 짓고 살았으므로, 전하여 은거를 뜻함.
* 포은(圃隱) 정몽주의 호.
* 신묘년(辛卯年) 효종 2년(1651).

숙종의 제문

숙종

　모년 모월 모일에 국왕은 비박지전*으로 대행 왕비* 민씨지전에 고하나니, 오호라, 현후 돌아가심이 참이냐 거짓말이냐. 달이 가고 날이 바뀌되 과인이 황란하여 깨닫지 못하니 속절없이 천수*가 막막하고 음용*이 돈절*하니 그 돌아감이 반듯한지라, 고인이 실우지탄*과 고분지통*을 일렀으나 과인의 극통과 유한은 고금에 비겨 방불할 자가 없도다.
　오호라, 현후는 명문 생출로 형의 교훈을 받았도다. 빼어난 재질과 아름다운 성행이 갈담규목의 극진치 아닌 곳이 없으되 신운이 불행하고 과인이 불명하여 이왕 육년 손위*는 어찌 차마 이르리요. 위태한 시

* **비박지전**(菲薄之奠)　간략한 제전.
* **대행 왕비**(大行王妃)　'대행'은 임금이나 왕후가 돌아가신 뒤 아직 시호를 올리기 전에 부르는 말. 여기서는 돌아가신 인현 왕후.
* **천수**(天數)　천명. 천운.
* **음용**(音容)　목소리와 얼굴.
* **돈절**(頓絶)　딱 끊어짐.
* **실우지탄**　상처함을 이르는 말.
* **고분지통**(鼓盆之痛)　아내가 죽은 설움.
* **육년 손위**(六年遜位)　육년 동안 장희빈의 간계로 왕후의 자리에서 물러나 있었음을 말함.

절의 처신을 더욱 평안히 하고 어지러운 때의 덕행을 더욱 평정히 하여 과인으로 하여금 과실을 많이 감춤은 다 현후의 성덕이라.

꽃다운 효절과 규잠*하는 덕이 궁중에 가득하니 도를 임하여 태평을 같이 누릴까 하였더니 창천이 어찌 현후 앗기를 급히 하사 과인으로 하여금 다시 바랄 바가 없게 하신지라. 오호라, 현후는 평안히 돌아가니 만세를 잊었거니와, 과인은 길고 먼 세상의 슬픔을 어찌 견디리요. 오호라, 현후의 맑은 자품으로 일개 혈육이 없고 어진 성덕으로 하수*를 누리시지 못하시고 천도가 과히 무심한지라.

이는 반드시 과인의 실덕 무복함을 하늘이 미워하사 과인으로 하여금 무궁한 한이 되게 하시는도다. 통명전을 바라보매 현후의 덕음과 의용을 듣고 볼 듯하되 이제 길이 막힘이 몇천인고. 과인이 중간 실덕함이 없이 지금까지 무고하시다가 돌아가셔도 오히려 슬프다 하려든 하물며 과인의 허물로 육년 고초를 생각하니 슬픈 유한이 여광여취*로다. 제문이 장황하여 자리하매 그치노라.

도움말 이 제문은 숙종 27년(1701) 음력 8월 14일 인현 왕후가 승하한 뒤 20일이 지난 9월 4일에 지은 것이다. 인현 왕후는 숙종 15년(1689) 장희빈의 무고로 쫓겨나 서인이 되었다가 숙종 20년(1694)에 다시 복위되었으나, 복위된 지 8년 만에 병사했다. 숙종은 이 제문에서 왕후에 대한 인간적 뉘우침의 감정을, 품격을 지키면서 표현하고 있다.

지은이 숙종(肅宗, 1661 ~ 1720, 재위 1674 ~ 1720)
조선 제 19대 임금. 장희빈으로 인한 내환이 잦았다. 대동법을 전국적으로 확대 실시하고, 1712년 백두산에 정계비를 세워 국경을 확정하였다.

---

* 규잠(規箴) 법도를 잘 지킴.
* 하수(遐壽) 오래 사는 것.
* 여광여취(如狂如醉) 미친 것 같고 취한 것 같음.

동명일기

의유당

   행여 일출을 못 볼까 노심초사하여, 새도록 자지 못하고, 가끔 영재를 불러 사공다려 물으라 하니,

   "내일은 일출을 쾌히 보시리라 한다."

하되 마음에 미쁘지 아니하여 초조하더니, 먼 데 닭이 울며 연하여 자초니, 기생과 비복을 혼동하여 어서 일어나라 하니, 밖에 급창이 와,

   "관청 감관*이 다 아직 너무 일찍 하니 못 떠나시리라 한다."

하되, 곧이 아니 듣고 발발이* 재촉하여, 떡국을 쑤었으되 아니 먹고, 바삐 귀경대에 오르니 달빛이 사면에 조요하니, 바다이 어제 밤도곤 희기 더 하고, 광풍이 대작하여 사람의 뼈를 사못고, 물결치는 소래 산악이 움직이며, 별빛이 말곳말곳하여 동편에 차례로 있어 새기는 멀었고, 자는 아해를 급히 깨어 왔기 치워 날치며 기생과 비복이 다 이를 두드려 떠니, 사군이 소래하여 혼동 왈,

---

  ＊감관(監官)　관아에서 돈이나 곡식을 관리하던 사람.
  ＊발발이　다급하게.

"상 없이 일찍이 와 아해와 실내 다 큰 병이 나게 하였다."
하고 소래하여 걱정하니, 내 마음이 불안하여 한 소래를 못 하고 감히 치워하는 눈치를 못하고 죽은 듯이 앉았으되, 날이 샐 가망이 없으니 연하여 영재를 불러,

"동이 트느냐?"
물으니, 아직 멀기로 연하여 대답하고, 물 치는 소래 천지 진동하여 한 풍 끼치기 더욱 심하고, 좌우 시인이 고개를 기울여 입을 가슴에 박고 치워하더니, 마이 이윽한 후, 동편의 성수*ㅣ 드물며, 월색이 차차 열워지며, 홍색이 분명하니, 소래하여 시원함을 부르고 가마 밖에 나서니, 좌우 비복과 기생들이 옹위하여 보기를 죄더니, 이윽고 날이 밝으며 붉은 기운이 동편 길게 뻗쳤으니, 진홍 대단 여러 필을 물 우희 펼친 듯, 만경창파가 일시에 붉어 하늘에 자욱하고, 노하는 물결 소래 더욱 장하며, 홍전 같은 물빛이 황홀하여 수색이 조요하니 차마 끔찍하더라.

붉은빛이 더욱 붉으니, 마주 선 사람의 낯과 옷이 다 붉더라. 물이 굽이져 치치니, 밤에 물치는 굽이는 옥같이 희더니, 즉금 물굽이는 붉기 홍옥 같하야 하늘에 닿았으니, 장관을 이를 것이 없더라.

붉은 기운이 퍼져 하늘과 물이 다 조요하되 해 아니 나니, 기생들이 손을 두드려 소래하여 애달와 가로되,

"이제는 해 다 돋아 저 속에 들었으니, 저 붉은 기운이 다 푸르러 구름이 되리라."
혼공하니, 낙막하여 그저 돌아가려 하니, 사군과 숙씨서,
"그렇지 아냐, 이제 보리라."
하시되, 이랑이, 차섬이 냉소하여 이르되,
"소인 등이 이번뿐 아냐, 자로 보았사오니, 어찌 모르리이까. 마누하

---

* 성수(星宿) 별자리.

님, 큰 병환 나실 것이니, 어서 가압사이다."

하거늘, 가마 속에 들어앉으니 봉의 어미 악써 가로되,

"하인들이 다 (말)하되, 이제 해 일으려 하는데 어찌 가시리요. 기생 아해들은 철 모르고 즈레 이렁 구는다*."

이랑이 박장 왈,

"그것들은 바히 모르고 한 말이니 곧이듣지 말라."

하거늘, 돌아 사공다려 물으라 하니,

"사공셔 오늘 일출이 유명하리란다."

하거늘, 내 도로 나서니, 차섬이, 보배는 내 가마에 드는 상 보고 먼저 가고, 계집 종 셋 먼저 갔더라.

홍색이 거룩하여 붉은 기운이 하늘을 뛰노더니, 이랑이 소래를 높이 하여 나를 불러,

"저기 물 밑을 보라."

외거늘, 급히 눈을 들어 보니, 물 밑 홍운을 헤앗고 큰 실오리 같은 줄이 붉기 더욱 기이하며, 기운이 진홍 같은 것이 차차 나 손바닥 넓이 같은 것이 그믐밤에 보는 숯불 빛 같더라. 차차 나오더니, 그 우흐로 적은 회오리밤 같은 것이 붉기 호박 구슬 같고, 맑고 통랑하기는 호박도곤 더 곱더라.

그 붉은 우흐로 훌훌 움직여 도는데, 처음 났던 붉은 기운이 백지 반 장 넓이만치 반듯이 비치며, 밤 같던 기운이 해 되어 차차 커 가며 큰 쟁반만하여 불긋불긋 번듯번듯 뛰놀며, 적색이 온 바다에 끼치며 먼저 붉은 기운이 차차 가시며, 해 흔들며, 뛰놀기 더욱 자로 하며, 항 같고 독 같은 것이 좌우로 뛰놀며, 황홀히 번득여 양목이 어즐하며, 붉은 기운이 명랑하여 첫 홍색을 헤앗고, 천중에 쟁반 같은 것이 수레바퀴 같

---

* 즈레 이렁 구는다 지레짐작으로 이렇게 굴고 있습니다.

하여 물 속으로서 치밀어 치듯이 올라붙으며, 항, 독 같은 기운이 스러지고, 처음 붉어 곁을 비추던 것은 모여 소혀처로 드리워 물 속에 풍덩 빠지는 듯싶으더라. 일색이 조요하며 물결에 붉은 기운이 차차 가새며, 일광이 청랑하니, 만고천하에 그런 장관은 대두할 데 없을 듯하더라.

　짐작에 처음 백지 반 장만치 붉은 기운은 그 속에서 해 장차 나려고 우리어 그리 붉고, 그 회오리밤 같은 것은 진짓 일색을 빠혀 내니 우리온 기운이 차차 가새며, 독 같고 항 같은 것은 일색이 모딜이 고온 고로, 보는 사람의 안력이 황홀하여, 도모지 헛기운인 듯싶은지라.

도움말　의유당 김씨가 남편 이희찬이 함흥 판관으로 부임할 때 따라가서, 그 곳의 명승 고적을 보고 듣고 느낀 바를 적은 수필이다. 여기에 실은 글은 '동명일기'의 부분으로서 순조 32년(1832) 9월 17일에 귀경대(龜景臺)의 일출과 월출을 구경하기 위해 갔다가 다음 날 돌아와 3일 후에 쓴 것이다.

지은이　의유당 김씨(意幽堂金氏, ? ~ ?)
조선 제23대 순조 때의 여류 문인. 함흥 판관 이희찬(李羲贊)의 부인. 저서에 〈의유당관북유람일기〉가 전한다.

조침문

유씨 부인

　모년 모월 모일에, 미망인 모씨는 두어 자 글로써 침자에게 고하노니, 인간 부녀(婦女)의 손 가운데 종요로운 것이 바늘이로되, 세상 사람이 귀히 아니 여기는 것은 도처에 흔한 바이로다. 이 바늘은 한낱 작은 물건이나, 이렇듯이 슬퍼함은 나의 정회가 남과 다름이라. 오호 슬프구나, 아깝고 불쌍하다. 너를 얻어 손 가운데 지닌 지 지금까지 이십칠 년이라. 어이 인정이 그렇지 아니하리요. 슬프다. 눈물을 잠깐 거두고 심신을 겨우 진정하여, 너의 행장과 나의 회포를 간략하게 적어 영결하노라.

　연전에 우리 시삼촌께옵서 동지 상사* 낙점*을 받자와, 북경을 다녀오신 후에, 바늘 여러 쌈*을 주시거늘, 친정과 원근 일가에게 보내고, 비복들도 쌈쌈이 낱낱이 나눠 주고, 그 중에 너를 택하여 손에 익히고 익히어 지금까지 해포*되었더니, 슬프다, 연분이 비상하여, 너희를 무

---

*　동지 상사(冬至上使)　해마다 동짓달에 중국에 보내던 사신의 우두머리.
*　낙점(落點)　임금이 마땅한 사람 이름 위에 점을 찍어 뽑던 일.
*　쌈　바늘 24개를 이르는 말.
*　해포　여러 해.

수히 잃고 부러뜨렸으되, 오직 너 하나를 오래도록 보전하니, 비록 무심한 물건이나 어찌 사랑스럽고 미혹지 아니하리요. 아깝고 불쌍하며, 또한 섭섭하도다.

나의 신세 박명하여 슬하에 한 자녀 없고, 인명이 모지러 일찍 죽지 못하고, 가산이 빈궁하여 참선에 마음을 붙여, 널로 하여 시름을 잊고 생애를 도움이 적지 아니하더니, 오늘날 너를 영결하니, 오호 슬프구나, 이는 귀신이 시기하고 하늘이 미워하심이로다.

아깝다 바늘이여, 어여쁘다 바늘이여, 너는 미묘한 품질과 특별한 재치를 가졌으니, 물건 중의 명물이요, 철중의 쟁쟁이라. 민첩하고 날래기는 백대의 협객이요, 굳세고 곧기는 만고의 충절이라. 추호 같은 부리는 말하는 듯하고, 둥근 귀는 소리를 듣는 듯한지라. 능라와 비단에 난봉과 공작을 수놓을 제, 그 민첩하고 신기함은 귀신이 돕는 듯하니, 어찌 인력의 미칠 바리요.

오호 슬프구나, 자식이 귀하나 손에서 놓일 때도 있고, 비복이 순하나 명을 거스를 때 있나니, 너의 미묘한 재질이 나의 전후에 수응함을 생각하면, 자식보다 낫고 비복보다 나은지라. 천은으로 집을 하고, 오색으로 파란을 놓아 곁고름에 채였으니, 부녀의 노리개라. 밥 먹을 적 만져 보고 잠잘 적 만져 보아, 널로 더불어 벗이 되어, 여름 낮에 주렴이며, 겨울 밤에 등잔을 상대하여, 누비며, 호며, 감치며, 박으며, 공그릴 때에, 겹실을 꿰었으니 봉미*를 두르는 듯, 땀땀이 떠 갈 적에, 수미가 상응하고, 솔기마다 붙여 내매 조화가 무궁하다.

이생에 백년 동거하렸더니, 오호 서럽구나, 바늘이여. 금년 시월 초십일 술시*에, 희미한 등잔 아래서 관대 깃을 달다가, 무심중간에 자끈동 부러지니 깜짝 놀라워라. 아야아야 바늘이여, 두 동강이 났구나. 정

＊**봉미**(鳳尾) 봉황의 꼬리.
＊**술시**(戌時) 오후 7시부터 9시까지의 동안.

신이 아득하고 혼백이 어지러워, 마음을 빻아 내는 듯, 두골을 깨쳐 내는 듯, 이윽도록 기색 혼절하였다가 겨우 정신을 차려, 만져 보고 이어 본들 속절없고 하릴없다. 편작의 신술로도 장생불사 못 하였네. 동네 장인에게 때이련들 어찌 능히 때일쏜가. 한 팔을 베어 낸 듯, 한 다리를 베어 낸 듯, 아깝다 바늘이여, 옷섶을 만져 보니, 꽂혔던 자리 없네.

오호 슬프구나, 내 삼가지 못한 탓이로다. 누구를 한하며 누구를 원하리요. 능란한 성품과 공교한 재질을 나의 힘으로 어찌 다시 바라리요. 절묘한 모습은 눈 속에 삼삼하고, 특별한 성품은 심회가 삭막하다. 네 비록 물건이나 무심하지 아니하면, 후세에 다시 만나 함께 살던 정을 다시 이어 괴로움, 즐거움과 삶, 죽음을 한가지로 하기를 바라노라. 오호 서럽구나, 바늘이여.

도움말 바늘을 부러뜨리고 그 안타까운 마음을, 바늘에 대한 제문 형식으로 쓴 수필이다.

지은이 유씨 부인(兪氏夫人, ? ~ ?)
조선 순조(재위 1801 ~ 1834) 때의 여류 수필가. 일찍 남편을 사별하고 침선과 글로써 여생을 보냈다.

규중 칠우 쟁론기

이른바 규중 칠우는 부인네 방 가운데 일곱 벗이니 글하는 선비는 필묵과 종이, 벼루로 문방 사우를 삼았나니, 규중 여자인들 홀로 어찌 벗이 없으리요.

이러므로 침선 돕는 유를 각각 이름을 정하여 벗을 삼으니, 바늘로 세요 각시라 하고, 자를 척 부인이라 하고, 가위로 교두 각시라 하고, 인두로 인화 부인이라 하고, 달우리(다리미)로 울 낭자라 하고, 실로 청홍흑백 각시라 하며, 골무로 감투 할미라 하여, 칠우를 삼아 규중 부인네 아침 소세를 마치매 일곱 벗이 일제히 모여 끝까지 하기를 한가지로 의논하여 각각 소임을 이루어 내었다. 하루는 일곱 벗이 모여 침선의 공을 의론하더니 척 부인이 긴 허리를 재며 이르기를,

"벗들은 들으라. 나는 가는 명주 굵은 명주 백저포 세승포와, 청홍녹라 자라 홍단을 다 내어 펼쳐 놓고 남녀 옷을 마련하니, 장단 광협*

---

* 장단 광협(長短廣狹) 길고 짧음과 넓고 좁음.

이며 솜씨와 격식을 나 곧 아니면 어찌 이루리요. 이러므로, 옷을 짓는 공이 내 으뜸 되리라."

교두 각시 양각을 빨리 놀려 내달아 이르기를,

"척 부인아, 그대 아무리 마련을 잘 한들 베어 내지 아니하면 모양 제대로 되겠느냐. 내 공과 내 덕이니 네 공만 자랑 마라."

세요 각시 가는 허리 구부리며 날랜 부리 돌려 이르기를,

"두 벗의 말이 불가하다. 진주 열 그릇이나 뀐 후에 구슬이라 할 것이니, 재단에 능소 능대하다 하나 나 곧 아니면 옷짓기를 어찌 하리요. 잔누비 중누비 짧은 솔기 긴 옷을 이룸이 나의 날래고 빠름이 아니면 잘게 뜨며 굵게 박아 마음대로 하리요. 척 부인 잘라 내고 교두 각시 베어 낸다 하나, 내 아니면 공이 없으려든 두 벗이 무슨 공이라 자랑하느뇨."

청홍 각시 얼굴이 붉으락푸르락하여 노하여 말하기를,

"세요야, 네 공이 내 공이라. 자랑 마라. 네 아무리 착한 체하나 한 솔기 반 솔기인들 내 아니면 네 어찌 성공하리요."

감투 할미 웃고 이르기를,

"각시님네, 웬만히 자랑 마소. 이 늙은이 머리와 끝 작지만 아가씨네 손부리 아프지 아니하게 바느질 도와 드리나니, 옛말에 이르기를 닭의 입이 될지언정 소 뒤는 되지 말라 하였으니, 청홍 각시는 세요의 뒤를 따라다니며 무슨 말 하시느뇨. 실로 얼굴이 아깝구나. 나는 매양 세요의 귀에 질리었으되 낯가죽이 두꺼워 견딜 만하고 아무 말도 아니 하노라."

인화 낭자가 이르기를,

"그대네는 다투지 말라. 나도 잠깐 공을 말하리라. 중누비 잔누비 누구로 하여 젓가락같이 고우며, 혼솔기가 나 곧 아니면 어찌 풀로 붙인 듯이 고우리요. 바느질 솜씨 서툰 이가 들락날락 바르지 못한 것

도 나의 손바닥을 한번 씻으면 잘못한 흔적이 감추어져 세요의 공이 날로 하여 빛나느니라."

울낭자가 크나큰 입을 벌리고 너털웃음으로 이르기를,

"인화야, 너와 나는 맡은 일이 같다. 그러나 인화는 침선뿐이다. 나는 천만 가지 의복에 아니 참예하는 곳이 없고, 가중한 여자들은 하루 할 일도 열흘이나 구기어 살이 구깃구깃한 것을 나의 넓은 볼기로 한번 스치면 굵은 살 낱낱이 펴이며 제도와 모양이 고와지고 더욱 여름을 만나면 일이 바빠 하루도 한가하지 못한지라. 옷이 나 곧 아니면 어찌 고우며 더욱 빨래하는 년들이 게을러 풀먹여 널어 두고 잠만 자면 부딪쳐 말린 것을 나의 넓은 볼기 아니면 어찌 고우며, 세상 남녀 어찌 반반한 것을 입으리요. 이러므로 작의 공이 내 제일이 되느니라."

규중 부인이 이르기를,

"칠우의 공으로 옷을 다스리나 그 공 사람의 쓰기에 있으니 어찌 칠우의 공이라 하리요."

하고 말을 마침에 일곱 벗을 밀치고 베개를 돋우고 잠을 깊이 드니 척부인이 탄식하고 이르기를,

"매정하느니 사람이요 공 모르는 것은 여자로다. 옷 마를 때는 먼저 찾고 이뤄 내면 자기 공이라 하고, 게으른 종 잠 깨우는 막대는 나 곧 아니면 못 칠 줄로 알고 내 허리 부러짐도 모르니 어찌 야속하고 노엽지 아니리요."

교두 각시 이어 말하기를,

"그대 말이 옳다. 옷 말라 벨 때는 나 아니면 못 하련마는 드느니 아니 드느니 하고 내던지며 양각을 각각 잡아 흔들 때는 불쾌하고 노엽기 어찌 헤아리요. 세요 각시 잠깐이나 쉬려고 달아나면 매양 내 탓만 여겨 내게 트집잡으니 마치 내가 감춘 듯이 문고리에 거꾸로 달

아 놓고 좌우로 돌아보며 앞뒤로 찾아 얻어 내기 몇 번인 줄 알리요. 그 공을 모르니 어찌 원망스럽지 아니하리요."

세요 각시 한숨짓고 이르기를,

"너는 커니와 내 일찍 무슨 일 사람의 손에 보채이며 요망한 말을 듣는고. 뼈에 사무치며, 더욱 나의 약한 허리 휘두르며 날랜 부리 뒤치어 힘껏 침선을 돕는 줄은 모르고 마음 맞지 아니하면 나의 허리를 부러뜨려 화로에 넣으니 어찌 통원하지 아니하리요. 사람과는 극한 원수라. 갚을 길 없어 이따금 손톱 밑을 질러 피를 내어 한을 풀면 조금 시원하나, 간흉한 감투 할미 밀어 말리니 더욱 애닯고 못 견디리로다."

인화가 눈물지어 이르기를,

"그대는 아프다 어떻다 하는도다. 나는 무슨 죄로 포락지형*을 입어 붉은 불 가운데 낯을 지지며 굳은 것을 깨치기는 나를 다 시키니 섧고 괴롭기 헤아리지 못할레라."

울 낭자가 두려워하여 말하기를,

"그대와 맡은 일이 같고 욕되기 한가지라. 제 옷을 문지르고 멱을 잡아 들까부르며, 우겨 누르니 하늘이 덮치는 듯 심신이 아득하여 나의 목이 따로 날 적이 몇 번이나 한 줄 알리요."

일곱 벗 이렇듯 이야기하며 회포를 이루더니 자던 여자가 문득 깨어 일곱 벗더러 말하기를,

"일곱 벗은 내 허물을 그토록 하느냐."

감투 할미 머리를 조아리고 사죄하여 말하기를,

"젊은 것들이 망령되게 생각이 없는지라 족가지 못하리로다. 저희들이 여러 죄 있으나 공이 많음을 자랑하여 원망을 지으니 마땅히 곤장

---

*포락지형 불에 달구어 지지는 형벌.

을 침직하되, 평일 깊은 정과 저희 조고만 공을 생각하여 용서하심이 옳을까 하옵니다."

여자가 대답하여 말하기를,

"할미 말을 좇아 그만두리니, 내 손부리 성함이 할미 공이라. 꿰어 차고 다니며 은혜를 잊지 아니하리니 비단 주머니를 지어 그 가운데 넣어 몸에 지녀 서로 떠나지 아니하리라."

하니 할미는 머리를 조아려 사례하고 여러 벗은 부끄러워 물러나니라.

도움말　한 규중 부인의 글로, 바늘, 자, 가위, 실, 인두, 다리미, 골무 등 일곱 가지를 의인화하여 세태와 인정을 풍자한 수필이다.

마등령

부록

작품 스터디

● 고대 가요

고대 가요는 신라 향가 이전의 시가를 통틀어 일컬으며, 기록상으로 가장 오래 된 〈구지가〉, 〈황조가〉, 〈공무도하가〉 등은 모두 고대 가요에 속한다. 부족 국가 시대의 원시 종합 예술인 제천 의식에서 비롯된 고대 가요는, 4언 4구의 한시 형태로 번역되어 배경 설화와 함께 전해지고 있는 것이 특징이다. 그러나 한시 형태로 번역되기 이전에는 우리말로 노래되었으며, 그것이 입에서 입으로 전해졌을 것으로 여겨진다.

● 향가

향가는 신라 시대부터 고려 시대까지 존재하던 문학의 한 형태로, 향찰로 기록된 정형 시가를 통틀어 일컫는다. 향찰이란 한자의 음과 훈을 빌려서 우리말을 적는 표기법을 말한다. 형식은 집단 가무 시대에 불린 민요와 무가 등이 정착되어 이루어진 4구체, 8구체, 그리고 창작 향가인 10구체의 형태로 발전하였다. 내용을 보면, 불교적인 색채를 띤 작품도 있고, 개인적인 애절한 바람, 서정적인 연모 등을 담은 노래도 있다.

● 고려 가요

'고려 속요'라고도 불리는 고려 가요는 고려 전기에 생겨나 향가를 대신하게 된 새로운 시가 형식이다. 주로 평민 계층의 진솔한 생활 감정을 노래한 것으로, 오랫동안 구전되다가 조선 시대에 와서 비로소 기록되었다. 형식은 오늘날의 대중 가요처럼 1절·2절·3절로 나뉘어진 분절체 형식이며, 대체로 각 절마다 여음을 갖추고 있다. 이처럼 고려 가요는 완숙한 운율 형식과 시 형태를 갖추고 있어 국문 시가의 백미로 꼽힌다.

● 악장

조선 초기에 생겨난 악장은 궁중에서 잔치를 하거나, 종묘에서 제사를 지낼 때에 궁중 음악에 맞춰 부르던 노래의 가사를 말한다. 내용은 태조 이성계의 덕을 찬양하고 조선의 건국과 왕실의 번영을 송축하는 것이 주를 이룬다. 형식은 한시체, 속요체, 경기체가체 등의 다양한 유형이 두루 엿보이며, 언어 표기의 형식에 따라 한문악장, 국문악장, 그리고 한시에 현토를 한 현토악장으로 나뉘기도 한다. 악장은 조선의 개국을 찬양하는 제한적 내용이었기 때문에 국가 체제가 정비된 후에는 사라지게 되었다.

● 가사

시조와 더불어 조선 시대 시가 문학의 쌍벽으로 일컬어지는 가사는 3·4음절의 시구가 4구씩 반복되는 구조로 되어 있다. 행수에는 제한이 없으며, 마지막 행이 시조의 종장처럼 되어 있는 것을 정격, 그렇지 않은 것을 변격으로 구분하기도 하는데, 정격은 조선 전기에, 변격은 조선 후기에 많이 나타났다. 그 내용은 개인적인 정서의 표현만이 아니라 도덕적인 가르침, 여행에서 얻은 감상과 체험 등, 조선 후기로 갈수록 매우 다양해졌다.

● 고전 수필

우리 나라의 고대 문학에서는 허구의 문학인 소설이 본격적으로 발전되지 못한 대신 수필적인 문학 형식이 매우 잡다하게 발달되었다. 이러한 기록 문학이 본격적으로 발달한 것은 고려 시대 초기부터이지만, 좀더 섬세하고 구체적인 내용의 수필이 등장하기 시작한 것은 조선 시대부터이다. 조선 시대의 사대부들 사이에서 실제적인 경험을 중시하는 경향이 강해지면서 자신의 경험이나 생각을 일기·기행·수기 등의 형태로 기록하는 일이 많아졌다. 한편 일찍부터 한글을 기록의 수단으로 사용해 왔던 부녀자들은 섬세한 감각을 살린 수준 높은 국문 수필을 많이 남겼다.

논술 가이드

제시된 시가를 읽고 다음 문제에 답하시오.

[문항 1]

공무도하가	황조가
– 백수 광부의 아내 –	– 유리왕 –
님이여, 물을 건너지 마오 님은 그예 물을 건너셨네 물에 쓸려 돌아가시니 가신 님을 어이할꼬.	훨훨 나는 꾀꼬리는 암수 서로 놀건마는 외로울사 이 내 몸은 뉘와 함께 돌아갈꼬.

(1) 〈공무도하가〉에는 '물'이 세 번 나옵니다. 1행부터 3행의 '물'의 이미지는 모두 다른데, 각각의 물의 이미지를 노래의 흐름 속에서 찾아 ( ) 안에 들어갈 알맞은 말을 한 단어로 적어 봅시다.

사랑 ➡ (　　　) ➡ 죽음

(2) 〈황조가〉에서 서정적 자아의 감정을 불러일으키는 동기를 제공한 것은 무엇이며, 서정적 자아의 외로운 심정이 가장 잘 드러나는 구절은 어디인지 찾아 써 봅시다.

제시된 시가를 읽고 다음 문제에 답하시오.

[문항 2]

처용가 – 처용 – 서울 밝은 달밤에 밤늦도록 놀고 지내다가 들어와 자리를 보니 다리가 넷이로구나 둘은 내 것이지만(내 아내이지만) 둘은 누구의 것인고? 본디 내 것이다마는(내 아내이지만) 빼앗긴 것을 어찌하리.	**제망매가** – 월명사 – 삶과 죽음의 길은 이(이승)에 있음에 머뭇거리고 '나(죽은 누이를 이름)는 간다.' 고 말도 못다 이르고 갔는가(죽었는가)? 어느 가을 이른 바람에 여기저기 떨어지는 나뭇잎처럼 같은 나뭇가지(한 어버이)에 나고서도 (네가) 가는 곳을 모르겠구나 아아, 극락에서 (너를) 만나볼 나는 불도를 닦으며 기다리겠다.

(1) 위의 두 향가의 형식적 특성이 어떻게 다른지 비교해 봅시다.

---

(2) 〈처용가〉에서 처용의 체념, 혹은 그의 너그러운 심성이 가장 잘 드러난 부분은 어디인지 찾아봅시다.

---

(3) 〈제망매가〉의 지은이가 처한 상황을 이해하고, 그에게 위로의 내용을 담은 편지를 써 봅시다.

제시된 시가를 읽고 다음 문제에 답하시오.

[문항 3]

가시리

가시리 가시리잇고 나난   잡사와 두어리 마나난
바리고 가시리잇고 나난   선하면 아니 올셰라
위 증즐가 대평셩대   위 증즐가 대평셩대

날러는 엇디 살라 하고   셜온님 보내압노니 나난
바리고 가시리잇고 나난   가시난 닷 도셔 오쇼셔 나난
위 증즐가 대평셩대   위 증즐가 대평셩대

(1) 님과의 이별에서 오는 절망과 슬픔을 표현한 연을 찾아봅시다.

- -

(2) 떠난 님을 언제까지라도 기다리겠다는 간절한 기다림의 정서가 드러난 연을 찾아봅시다.

- -

(3) 위 작품을 시적인 느낌을 최대한 살린 현대어로 고쳐 써 봅시다.

- -

- -

- -

- -

제시된 시가를 읽고 다음 문제에 답하시오.
[문항 4]

용비어천가

제1장
해동 육룡이 나라샤
일마다 천복이시니
고성이 동부 하시니.

제2장
불휘 기픈 남간 바라매 아니 뮐쌔
곶 됴코 여름 하나니
새미 기픈 므른 가마래 아니 그츨쌔
내히 이러 바라래 가나니.

---

(1) '불휘 기픈 남간 바라매 아니 뮐쌔'와 대구를 이루고 있는 구절을 찾아
써 봅시다.

----

(2) 이 작품에서 다음과 같은 뜻을 담고 있는 상징적 시어를 찾아 써 봅시다.

기초가 튼튼한 나라	
시련, 근심 (2개)	
문화의 찬란한 융성	
조선을 창업한 여섯 임금	
조선 왕조의 무궁한 발전	
유서가 깊은 나라	

〈베스트 논술 한국대표문학〉(전60권) 목록

권별	작품	작가
1	무정 I	이광수
2	무정 II	이광수
3	무명 · 꿈 · 옥수수 · 할멈	이광수
4	감자 · 시골 황 서방 · 광화사 · 붉은 산 · 김연실전 외	김동인
5	발가락이 닮았다 · 왕부의 낙조 · 전제자 · 명문 외	김동인
6	배따라기 · 약한 자의 슬픔 · 광염 소나타 외	김동인
7	B사감과 러브레터 · 서투른 도적 · 술 권하는 사회 · 빈처 외	현진건
8	운수 좋은 날 · 까막잡기 · 연애의 청산 · 정조와 약가 외	현진건
9	벙어리 삼룡이 · 뽕 · 젊은이의 시절 · 행랑 자식 외	나도향
10	물레방아 · 꿈 · 계집 하인 · 별을 안거든 우지나 말 걸 외	나도향
11	상록수 I	심훈
12	상록수 II	심훈
13	탈춤 · 황공의 최후 / 적빈 · 꺼래이 · 혼명에서 외	심훈 / 백신애
14	태평 천하	채만식
15	레디메이드 인생 · 순공 있는 일요일 · 쑥국새 외	채만식
16	명일 · 미스터 방 · 민족의 죄인 · 병이 낫거든 외	채만식
17	동백꽃 · 산골 나그네 · 노다지 · 총각과 맹꽁이 외	김유정
18	금 따는 콩밭 · 봄봄 · 따라지 · 소낙비 · 만무방 외	김유정
19	백치 아다다 · 마부 · 병풍에 그린 닭이 · 신기루 외	계용묵
20	표본실의 청개구리 · 두 파산 · 이사 외 / 모범 경작생	염상섭 / 박영준
21	탈출기 · 홍염 · 고국 · 그믐밤 · 폭군 · 박돌의 죽음 외	최서해
22	메밀꽃 필 무렵 · 낙엽기 · 돈 · 석류 · 들 · 수탉 외	이효석
23	분녀 · 개살구 · 산 · 오리온과 능금 · 가을과 산양 외	이효석
24	무녀도 · 역마 · 까치 소리 · 화랑의 후예 · 등신불 외	김동리
25	하수도 공사 / 지맥 / 그 날의 햇빛은 · 갈가마귀 그 소리	박화성 / 최정희 / 손소희
26	지하촌 · 소금 · 원고료 이백 원 외 / 경희	강경애 / 나혜석
27	제3인간형 / 제일과 제일장 외 / 사랑 손님과 어머니 외	안수길 / 이무영 / 주요섭
28	날개 · 오감도 · 지주 회시 · 환시기 · 실화 · 권태 외	이상
29	봉별기 · 종생기 · 조춘점묘 · 지도의 암실 · 추등잡필	이상
30	화수분 외 / 김 강사와 T교수 · 창랑 정기 / 성황당	전영택 / 유진오 / 정비석

권별	작품	작가
31	민촌 / 해방 전후 · 달밤 외 / 과도기 · 강아지	이기영 / 이태준 / 한설야
32	소설가 구보씨의 일일 / 장삼이사 · 비오는 길 / 석공 조합 대표 / 낙동강 · 농촌 사람들 · 저기압	박태원 / 최명익 송영 / 조명희
33	모래톱 이야기 · 사하촌 외 / 갯마을 / 혈맥 / 전황당인보기	김정한 / 오영수 / 김영수 / 정한숙
34	바비도 외 / 요한 시집 / 젊은 느티나무 외 / 실비명 외	김성한 / 장용학 / 강신재 / 김이석
35	잉여 인간 / 불꽃 / 꺼삐딴 리 · 사수 / 연기된 재판	손창섭 / 선우휘 / 전광용 / 유주현
36	탈향 외 / 수난 이대 외 / 유예 / 오발탄 외 / 4월의 끝	이호철/ 하근찬/ 오상원/ 이범선/ 한수산
37	총독의 소리 / 유형의 땅 / 세례 요한의 돌	최인훈 / 조정래 / 정을병
38	어둠의 혼 / 개미귀신 / 무진 기행 · 서울 1964년 겨울 외	김원일 / 이외수 / 김승옥
39	뫼비우스의 띠 / 악령 / 식구 관촌 수필 / 기억 속의 들꽃 / 젊은 날의 초상	조세희 / 김주영 / 박범신 이문구 / 윤흥길 / 이문열
40	김소월 시집	김소월
41	윤동주 시집	윤동주
42	한용운 시집	한용운
43	한국 고전 시가와 수필	유리왕 외
44	한국 대표 수필선	김진섭 외
45	한국 대표 시조선	이규보 외
46	한국 대표 시선	최남선 외
47	혈의 누 · 모란봉	이인직
48	귀의 성	이인직
49	금수 회의록 · 공진회 / 추월색	안국선 / 최찬식
50	자유종 · 구마검 / 애국부인전 / 꿈하늘	이해조 / 장지연 / 신채호
51	삼국유사	일연
52	금오신화 / 홍길동전 / 임진록	김시습 / 허균 / 작자 미상
53	인현왕후전 / 계축일기	작자 미상
54	난중일기	이순신
55	흥부전 / 장화홍련전 / 토끼전 / 배비장전	작자 미상
56	춘향전 / 심청전 / 박씨전	작자 미상
57	구운몽 · 사씨 남정기	김만중
58	한중록	혜경궁 홍씨
59	열하일기	박지원
60	목민심서	정약용

⟨베스트 논술 한국대표문학⟩에 실린 소설과 교과서 대조표

* ⟨베스트 논술 한국대표문학⟩에 실린 소설과 현행 국어 · 문학 18종 교과서의 수록 내용을 비교 · 분석하였다.

● 초등 학교 교과서(국어)

금오신화, 구운몽, 심청전,
흥부전, 토끼전, 박씨전,
장화홍련전, 홍길동전

● 국정 교과서

작품	작가	교과목
고향	현진건	고등 학교 문법
동백꽃	김유정	중학교 국어 2-1, 중학교 국어 3-1
벙어리 삼룡이	나도향	중학교 국어 1-1
봄봄	김유정	고등 학교 국어(상)
사랑 손님과 어머니	주요섭	중학교 국어 2-1
오발탄	이범선	중학교 국어 3-1
운수 좋은 날	현진건	중학교 국어 3-1

● 고등 학교 문학 교과서

작품	작품	출판사
감자	김동인	교학, 지학, 디딤돌, 상문
갯마을	오영수	문원, 형설
고향	현진건	두산, 지학, 청문, 중앙, 교학, 문원, 민중, 블랙, 디딤돌
관촌 수필	이문구	지학, 문원, 블랙
광염 소나타	김동인	천재, 태성

금 따는 콩밭	김유정	중앙
금수회의록	안국선	지학, 문원, 블랙, 교학, 대한, 태성, 청문, 디딤돌
김 강사와 T교수	유진오	중앙
까마귀	이태준	민중
꺼삐딴 리	전광용	지학, 중앙, 두산, 블랙, 디딤돌, 천재, 케이스
날개	이상	문원, 교학, 중앙, 민중, 천재, 형설, 청문, 태성, 케이스
논 이야기	채만식	두산, 상문, 중앙, 교학
닳아지는 살들	이호철	천재, 청문
동백꽃	김유정	금성, 두산, 블랙, 교학, 상문, 중앙, 지학, 태성, 형설, 디딤돌, 케이스
두 파산	염상섭	문원, 상문, 천재, 교학
등신불	김동리	중앙, 두산
만무방	김유정	민중, 천재, 두산
메밀꽃 필 무렵	이효석	금성, 상문, 중앙, 교학, 문원, 민중, 블랙, 디딤돌, 지학, 청문, 천재, 케이스
모래톱 이야기	김정한	디딤돌, 교학, 문원
모범경작생	박영준	중앙
뫼비우스의 띠	조세희	두산, 블랙
무녀도	김동리	천재, 지학, 청문, 금성, 문원, 민중, 케이스

작품	작가	출판사
무정	이광수	디딤돌, 금성, 두산, 교학, 한교
무진기행	김승옥	두산, 천재, 태성, 교학, 문원, 민중, 케이스
바비도	김성한	민중, 상문
배따라기	김동인	상문, 형설, 중앙
벙어리 삼룡이	나도향	민중
복덕방	이태준	블랙, 교학
봄봄	김유정	디딤돌, 문원
붉은 산	김동인	중앙
B사감과 러브레터	현진건	교학
사랑 손님과 어머니	주요섭	중앙, 디딤돌, 민중, 상문
사수	전광용	두산
사하촌	김정한	중앙, 문원, 민중
산	이효석	문원, 형설
서울, 1964년 겨울	김승옥	문원, 블랙, 천재, 교학, 지학, 중앙
성황당	정비석	형설
소설가 구보씨의 일일	박태원	중앙, 천재, 교학, 대한, 형설, 문원, 민중
수난 이대	하근찬	교학, 지학, 중앙, 문원, 민중, 디딤돌, 케이스
애국부인전	장지연	지학, 한교
어둠의 혼	김원일	천재
역마	김동리	교학, 두산, 천재, 태성, 형설, 상문, 디딤돌

역사	김승옥	중앙
오발탄	이범선	교학, 중앙, 금성, 두산
요한 시집	장용학	교학
운수 좋은 날	현진건	금성, 문원, 천재, 지학, 민중, 두산, 디딤돌, 케이스
유예	오상원	블랙, 천재, 중앙, 교학, 디딤돌, 민중
자유종	이해조	지학, 한교
장삼이사	최명익	천재
전황당인보기	정한숙	중앙
젊은 날의 초상	이문열	지학
젊은 느티나무	강신재	블랙, 중앙, 문원, 상문
제일과 제일장	이무영	중앙
치숙	채만식	문원, 청문, 중앙, 민중, 상문, 케이스
탈출기	최서해	형설, 두산, 민중
탈향	이호철	케이스
태평 천하	채만식	지학, 금성, 블랙, 교학, 형설, 태성, 디딤돌
표본실의 청개구리	염상섭	금성
학마을 사람들	이범선	민중
할머니의 죽음	현진건	중앙
해방 전후	이태준	천재
혈의 누	이인직	천재, 금성, 민중, 교학, 태성, 청문
홍염	최서해	상문, 지학, 금성, 두산, 케이스
화수분	전영택	태성, 중앙, 디딤돌, 블랙

〈베스트 논술 한국대표문학〉에 실린 시와 교과서 대조표

*〈베스트 논술 한국대표문학〉에 실린 시와 현행 국어 · 문학 18종 교과서의 수록 내용을 비교 · 분석하였다.

작품	작가	출판사
가는 길	김소월	지학, 블랙, 민중
가을의 기도	김현승	블랙
겨울 바다	김남조	지학
고향	백석	형설
국경의 밤	김동환	지학, 천재, 금성, 블랙, 태성
국화 옆에서	서정주	민중
귀천	천상병	지학, 디딤돌
귀촉도	서정주	지학
그 날이 오면	심훈	지학, 블랙, 교학, 중앙
그대들 돌아오시니	정지용	두산
그 먼 나라를 알으십니까	신석정	교학, 대한
껍데기는 가라	신동엽	지학, 천재, 금성, 블랙, 교학, 한교, 상문, 형설, 청문
꽃	김춘수	금성, 문원, 교학, 중앙, 형설
끝없는 강물이 흐르네	김영랑	디딤, 교학
나그네	박목월	천재, 블랙, 중앙, 한교
나룻배와 행인	한용운	문원, 블랙, 대한, 형설
남신의주 유동 박시봉방	백석	지학, 두산, 상문

작품	작가	출판사
남으로 창을 내겠소	김상용	지학, 한교, 상문
내 마음은	김동명	중앙, 상문
내 마음을 아실 이	김영랑	한교
농무	신경림	지학, 디딤, 금성, 블랙, 교학, 형설, 청문
누가 하늘을 보았다 하는가	신동엽	두산
눈길	고은	문원
님의 침묵	한용운	지학, 천재, 두산, 교학, 민중, 한교, 태성, 디딤돌
떠나가는 배	박용철	지학, 한교
머슴 대길이	고은	디딤돌, 천재
먼 후일	김소월	청문
모란이 피기까지는	김영랑	지학, 천재, 금성, 형설
목계 장터	신경림	문원, 한교, 청문
목마와 숙녀	박인환	민중
바다와 나비	김기림	금성, 블랙, 한교, 대한, 형설
바위	유치환	금성, 문원, 중앙, 한교
별 헤는 밤	윤동주	문원, 민중
봄은 간다	김억	한교, 교학
봄은 고양이로다	이장희	블랙

작품	작가	출판사
불놀이	주요한	금성, 형설
빼앗긴 들에도 봄은 오는가	이상화	지학, 천재, 문원, 블랙, 디딤돌, 중앙
산 너머 남촌에는	김동환	천재, 블랙, 민중
산유화	김소월	두산, 민중
살아 있는 것이 있다면	박인환	대한, 교학
살아 있는 날은	이해인	교학
생명의 서	유치환	한교, 대한
샤갈의 마을에 내리는 눈	김춘수	지학, 블랙, 태성
서시	윤동주	디딤돌, 민중
설일	김남조	교학
성묘	고은	교학
성북동 비둘기	김광섭	지학
쉽게 씌어진 시	윤동주	지학, 디딤돌, 중앙
승무	조지훈	지학, 디딤돌, 금성
알 수 없어요	한용운	중앙, 대한
어서 너는 오너라	박두진	디딤돌, 금성, 한교, 교학
오감도	이상	디딤돌, 대한
와사등	김광균	민중
우리가 물이 되어	강은교	지학, 문원, 교학, 형설, 청문, 디딤돌
우리 오빠의 화로	임화	디딤돌, 대한
울음이 타는 가을 강	박재삼	지학, 교학
자수	허영자	교학

작품	작가	출판사
자화상	노천명	민중
절정	이육사	지학, 천재, 금성, 두산, 문원, 블랙, 교학, 태성, 청문, 디딤돌
접동새	김소월	교학, 한교
조그만 사랑 노래	황동규	문원, 중앙
즐거운 편지	황동규	지학, 형설, 청문
진달래꽃	김소월	천재, 태성
청노루	박목월	지학, 문원, 상문
초토의 시 8	구상	지학, 천재, 두산, 상문, 태성
초혼	김소월	디딤돌, 금성, 문원
타는 목마름으로	김지하	디딤돌, 금성, 문원, 민중
풀	김수영	지학, 금성, 민중, 한교, 태성
프란츠 카프카	오규원	천재, 태성
피아노	전봉건	태성
해	박두진	두산, 블랙, 민중, 형설
해에게서 소년에게	최남선	지학, 천재, 금성, 두산, 문원, 민중, 한교, 대한, 형설, 태성, 청문, 디딤돌
향수	정지용	지학, 문원, 블랙, 교학, 한교, 상문, 청문, 디딤돌

〈베스트 논술 한국대표문학〉에 실린 시조와 교과서 대조표

* 〈베스트 논술 한국대표문학〉에 실린 시조와 현행 국어·문학 18종 교과서의 수록 내용을 비교·분석하였다.

작품	작가	출판사
가노라 삼각산아	김상헌	교학, 형설
가마귀 눈비 맞아	백팽년	교학
가마귀 싸우는 골에	정몽주 어머니	교학
강호 사시가	맹사성	디딤돌, 두산, 교학
고산구곡	이이	한교
공명을 즐겨 마라	김삼현	지학
구름이 무심탄 말이	이존오	천재
국화야 너난 어이	이정보	블랙
녹초 청강상에	서익	지학
농암가	이현보	민중
뉘라서 가마귀를	박효관	교학
님 그린 상사몽이	박효관	천재
대추볼 붉은 골에	황희	중앙
도산 십이곡	이황	디딤돌, 블랙, 민중, 형설, 태성
동짓달 기나긴 밤을	황진이	지학, 천재, 금성, 두산, 문원, 교학, 상문, 대한
마음이 어린후니	서경덕	지학, 금성, 블랙, 한교
말없는 청산이요	성혼	지학, 천재
방안에 혔는 촛불	이개	천재, 금성, 교학
백구야 말 물어보자	김천택	지학
백설이 자자진 골에	이색	지학
삭풍은 나무끝에	김종서	중앙, 형설
산촌에 눈이 오니	신흠	지학

작품	작가	출판사
삼동에 베옷 닙고	조식	지학, 형설
산인교 나린 물이	정도전	천재
수양산 바라보며	성삼문	천재, 교학
십년을 경영하여	송순	지학, 금성, 블랙, 중앙, 한교, 상문, 내한, 형설
어리고 성긴 매화	안민영	형설
어부사시사	윤선도	금성, 문원, 민중, 상문, 대한, 형설, 청문
오리의 짧은 다리	김구	청문
오백년 도읍지를	길재	블랙, 청문
오우가	윤선도	형설
이몸이 죽어가서	성삼문	지학, 두산, 민중, 대한, 형설
이시렴 부디 갈다	성종	지학
이화에 월백하고	이조년	디딤돌, 천재, 두산
이화우 흣뿌릴 제	계랑	한교
재너머 성권농 집에	정철	천재, 형설
천만리 머나먼 길에	왕방연	문원, 블랙
청산리 벽계수야	황진이	지학
추강에 밤이 드니	월산대군	천재, 금성, 민중
춘산에 눈녹인 바람	우탁	디딤돌
풍상이 섞어 친 날에	송순	지학, 청문
한손에 막대 잡고	우탁	금성
훈민가	정철	지학, 금성
흥망이 유수하니	원천석	천재, 중앙, 한교, 디딤돌, 대한

〈베스트 논술 한국대표문학〉에 실린 수필과 교과서 대조표

* 〈베스트 논술 한국대표문학〉에 실린 수필과 현행 국어·문학 18종 교과서의 수록 내용을 비교·분석하였다.

작품	작가	출판사
가난한 날의 행복	김소운	천재
가람 일기	이병기	지학
구두	계용묵	디딤돌, 문원, 상문, 대한
그믐달	나도향	블랙, 태성
꼴찌에게 보내는 갈채	박완서	태성
나무	이양하	상문
나무의 위의	이양하	문원, 태성
낭객의 신년 만필	신채호	두산, 블랙, 한교
딸깍발이	이희승	지학, 디딤돌, 청문
멋없는 세상 멋있는 사람	김태길	중앙
무궁화	이양하	디딤돌
백설부	김진섭	지학, 천재, 형설, 태성, 청문
생활인의 철학	김진섭	지학, 태성
수필	피천득	지학, 천재, 한교, 태성, 청문
수학이 모르는 지혜	김형석	청문
슬픔에 관하여	유달영	문원, 중앙
웃음설	양주동	교학, 태성
은전 한 닢	피천득	금성, 대한
이야기	피천득	지학, 청문
인생의 묘미	김소운	지학
지조론	조지훈	블랙, 한교
청춘 예찬	민태원	금성, 블랙
특급품	김소운	교학
폭포와 분수	이어령	지학, 블랙
피딴 문답	김소운	디딤돌, 금성, 한교
행복의 메타포	안병욱	교학
헐려 짓는 광화문	설의식	두산

베스트 논술 한국 대표문학 43

한국 고전 시가와 수필

지은이 유리왕 외
펴낸이 류성관
펴낸곳 SR&B(새로본닷컴)
주 소 서울특별시 마포구 망원동 463-2번지
전 화 02)333-5413
팩 스 02)333-5418
등 록 제10-2307호
인 쇄 만리 인쇄사

이 책에 실린 모든 글과 그림의 저작권은 SR&B에 있으므로
내용의 일부 또는 전부를 복사 · 복제하는 것은 저작권법에 위반됩니다.

*잘못 만들어진 책은 바꾸어 드립니다.